CAKE POPS

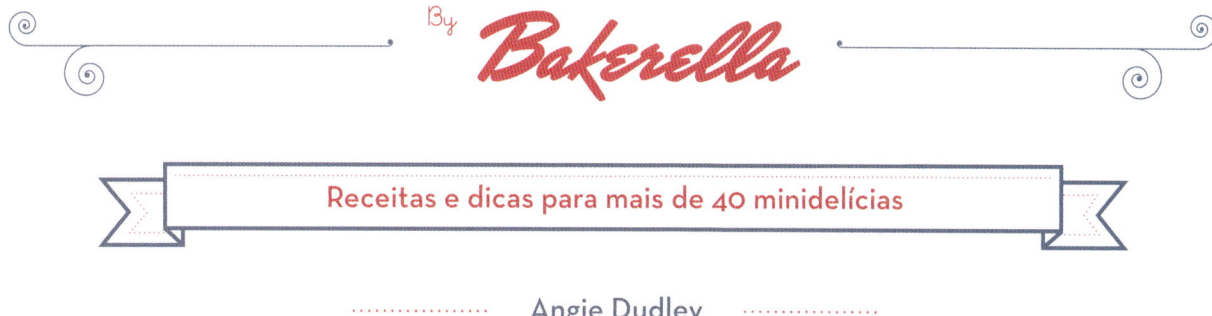

Receitas e dicas para mais de 40 minidelícias

Angie Dudley

Obra originalmente publicada em língua inglesa sob o título *Cake pops: tips, tricks, and recipes for more than 40 irresistible mini treats*, pela Chronicle Books LLC, San Francisco, California.

Copyright © 2010 Angie Dudley
Todos os direitos reservados.

Este livro contempla as regras do Acordo Ortográfico da Língua Portuguesa de 1990, que entrou em vigor no Brasil.

Tradução: Marlene Deboni e Beatriz Bellucci
Diagramação e revisão: Depto. editorial da Editora Manole
Adaptação da capa para a edição brasileira: Depto. de arte da Editora Manole
Design: Anne Donnard

Dados Internacionais de Catalogação na Publicação (CIP)
(Câmara Brasileira do Livro, SP, Brasil)

Dudley, Angie
    Cake pops : receitas e dicas para mais de 40 minidelícias / Angie Dudley ; [tradução Marlene Deboni e Beatriz Bellucci]. -- Barueri, SP : Manole ; Califórnia : Chronicle Books, 2011.

    Título original: Cake pops : tips, tricks, and recipes for more than 40 irresistible mini treats
    ISBN 978-85-204-3283-9 (Manole)

    1. Doces (Culinária) I. Título.

11-01706   CDD-641.85

Índices para catálogo sistemático:
1. Doces : Receitas culinárias : Economia doméstica 641.85

Todos os direitos reservados.
Nenhuma parte deste livro poderá ser reproduzida, por qualquer processo, sem a permissão expressa dos editores.
É proibida a reprodução por xerox.

A Editora Manole é filiada à ABDR – Associação Brasileira de Direitos Reprográficos

1ª edição brasileira – 2011

Direitos em língua portuguesa adquiridos pela:
Editora Manole Ltda.
Av. Ceci, 672 – Tamboré
06460-120 – Barueri, SP – Brasil
Fone: (11) 4196-6000 – Fax: (11) 4196-6021
www.manole.com.br
info@manole.com.br

Impresso na China
Printed in China

Dedicatória

Para Mady, com amor.

Este livro também é dedicado aos leitores de bakerella.com. O entusiasmo e a motivação de vocês para fazer esses mimos me inspiram todos os dias. Espero que sintam tanto prazer lendo este livro quanto eu senti ao escrevê-lo para vocês.

Agradecimentos

Mãe – Obrigada por estar sempre ao meu lado, por ser minha melhor amiga e a melhor degustadora que conheço.

Jill Brown – Fico muito feliz por você ter me mostrado os bombons de bolo na festa da Rosa. Obrigada. Você é a responsável por isso tudo.

Angie Mosier – Sua aula introdutória sobre decoração de bolo foi muito inspiradora. Obrigada pelo sorriso que colocou em meu rosto e que não consigo mais tirar.

Laura Celentano – Agradeço por levar meus cupcake pops (pirulitos de cupcake) ao conhecimento de Martha Stewart e agradeço à própria Marta pela oportunidade de estar em seu programa.

Danny e Monica – Vocês me ouvem falar sobre cake pops há dois anos. Sou muito grata por isso e por me encorajarem em cada passo. Monica, obrigada por me ajudar a testar as receitas e, Danny, obrigada por desenhar etiquetas tão graciosas.

Amy Treadwell – Minha editora, meus agradecimentos a você e a toda a equipe da Chronicle – inclusive à designer Anne Donnard; ao editor administrativo, Doug Ogan; à coordenadora de produção, Tera Killip; à equipe de marketing, Peter Perez e David Hawk; e à editora de texto, Rebecca Pepper – por terem reunido minhas palavras e fotos e as transformado em um livro tão charmoso.

Ree, a pioneira – Não tenho como lhe agradecer o bastante por ter me convidado para uma festa com demonstração de cake pops. Sua generosidade e sua bondade significam muito para mim.

Spitfire Studios – Tom, obrigada por ter cedido seu estúdio, seu tempo e seu talento por tantos dias. Tenho certeza de que você nunca mais vai olhar para os confeitos da mesma maneira. Boxley, obrigada pela ajuda. Nicole, muito obrigada também.

À minha família e aos meus amigos – Obrigada por ficarem tão empolgados comigo. Amo vocês todos.

Sumário

- Introdução ... 6

MÉTODOS ... 9
- Receita básica de bombom de bolo ... 11
- Receita básica de cake pops ... 15
- Receita básica de cupcake pops ... 19
- Receita básica de minicupcakes ... 25
- Solução de problemas ... 28

TÉCNICAS ... 29
- Combinações de sabores para cake pops ... 30
- Como esfarelar o bolo ... 30
- Como criar formas ... 32
- Instruções para cobertura ... 32
- Métodos de aplicação da cobertura ... 36
- Meus dois utensílios preferidos ... 39
- Ingredientes principais ... 40
- Equipamentos ... 40
- Confeitos ... 42
- Outros itens decorativos ... 42

PROJETOS DE CAKE POPS ... 47
- Doces corações ... 49
- Folia de primavera ... 51
- Pintinhos ... 53
- Coelhinhos ... 55
- Carneirinhos de açúcar ... 57
- Ovinhos de Páscoa ... 59
- Cestinhas de Páscoa ... 61
- Palhachinhos equilibristas ... 63
- Casquinhas de sorvete ... 67
- Cupcake pops de chocolate ... 69
- Saquinhos de pipoca ... 73
- Maçãzinhas ... 75
- Moranguinhos ... 77
- Noivinhos ... 79
- Carinhas de bebê ... 81
- Festa de formatura ... 83
- Festa na piscina ... 85
- Invasão de marcianos ... 89
- Robôs ... 91
- Monstrinhos ... 93
- Piratas a bordo ... 95
- Ora, bolas! ... 97
- Joaninhas ... 99
- Sapinhos ... 103
- Turminha da fazenda ... 105
  - Porquinhos cor-de-rosa ... 105
  - Vaquinhas ... 106
  - Galinhas ... 107
- Cachorrinhos ... 108
- Cuidado: leões, tigres e ursos! ... 111
  - Leões ... 111
  - Tigres ... 113
  - Ursos ... 114
- Coalas ... 117
- Pandas ... 119
- Macaquices ... 121
- Gatos pretos ... 123
- Abóboras de Halloween ... 125
- Bombons-fantasma ... 127
- Bruxas assustadoras ... 129
- Múmias mimosas ... 131
- Corujinhas ... 133
- Perus festivos ... 135
- Chanucá: Festival das Luzes ... 137
- Renas risonhas ... 139
- Gorros de Papai Noel ... 141
- Árvores de Natal ... 143
- Doces bonecos de neve ... 145

RECEITAS DE BOLOS E GLACÊS ... 147
- Receitas de bolo ... 148
  - Bolo amarelo ... 148
  - Bolo de chocolate ... 148
- Receitas de glacê ... 149
  - Creme de baunilha ... 149
  - Glacê de cream cheese ... 149
  - Glacê de chocolate ... 149
  - Glacê de cream cheese e chocolate ... 149

APRESENTAÇÃO, ARMAZENAMENTO, TRANSPORTE E FABRICANTES ... 151
- Apresentação dos cake pops ... 152
- Armazenamento e transporte dos cake pops ... 154
- Fabricantes dos produtos citados neste livro ... 155
- Índice de fotos dos projetos ... 156
- Índice remissivo ... 157
- Tabela de equivalências de medidas ... 160

Introdução

Sejam bem-vindos ao Cake Pops! Não sou uma doceira profissional e não tenho nenhum treinamento formal em chocolate, folhados ou qualquer modalidade de confeitaria. Mas tenho paixão por aprender e uma vontade louca de experimentar coisas novas. Sempre gostei de doces e meu lema sempre foi "quanto mais chocolate, melhor!". No entanto, quando cresci, nunca tentei fazer nada além de misturas prontas para bolo, biscoitos ou brownies. Nunca me passou pela cabeça que eu poderia, ou deveria, experimentar fazer bolos começando do zero. Misturas prontas para bolo amarelo e glacê de chocolate eram o limite de minhas aventuras como boleira (e ainda são meus preferidos até hoje).

Por um capricho em 2007, assisti a uma aula de duas horas sobre decoração de bolos. Aprendemos a fazer e a colorir glacês caseiros, a decorar bolos e a usar sacos de confeiteiro, além de receber algumas dicas. Você sabe, o básico. Essa aula provocou uma mudança em mim. Ainda me lembro da alegria que senti ao descobrir o universo da decoração de bolos. Até hoje trago comigo esse sentimento, que me inspira a continuar fazendo bolos, a progredir e a expandir minhas experiências, a tentar coisas novas sem ter medo do resultado. Trabalhando com açúcar, até os erros podem ser doces!

Alguns meses depois de fazer a aula de bolos, criei um blog para divulgar minhas experiências de confeitaria. Dei-lhe o nome de Bakerella (www.bakerella.com), o mesmo nome que uso no Flickr.com, onde estava guardando minhas fotografias. No início, não contei para ninguém sobre o site. Comecei com algumas das minhas coisas preferidas... e, entre elas, bombons de bolo. A primeira vez que vi bombons de bolo foi em uma festa de Natal na casa da sogra da minha melhor amiga. Uma coisa leva a outra e, com o tempo, transformei os minibombons de bolo em cake pops (pirulitos de bolo) e depois em cake pops com formato de cupcake. Os cupcake pops (pirulitos de cupcake) revolucionaram a internet e chamaram a atenção do programa *The Martha Stewart Show*. Antes que eu me desse conta, meu blog anônimo tinha me levado à televisão para mostrar à Martha como criar as pequenas delícias. Obviamente, meus amigos e minha família ficaram surpresos.

Desde o programa, recebi inúmeros e-mails maravilhosos e mensagens de leitores sobre como o blog os inspirou a começar a confeitar. Os leitores começaram a recriar meus cake pops e cupcake pops, e a me enviar fotos. A empolgação em torno desses pirulitos de bolo me induziu a fazer ainda mais experiências, que me levaram a este livro, em que compartilho com os leitores mais de 40 projetos de cake pops, além das técnicas para ajudá-los a criar os seus próprios docinhos.

INTRODUÇÃO

Portanto, prepare-se para provar bolos de um modo que nunca viu ou comeu antes. Neste livro, você não irá encontrar cupcakes nem os tradicionais bolos de camadas, mas sim ideias para docinhos muito criativos feitos de bolo, misturados com glacê e decorados individualmente.

Precisa de algo diferente para uma festa de aniversário, chá de bebê, casamento ou uma data comemorativa? A resposta está aqui. Deixe que os cake pops sejam as estrelas de sua próxima festa ou evento. Mas cuidado: se começar a fazê-los, não vai mais querer parar, e qualquer um que os prove também não vai permitir.

Não se preocupe. Não é preciso ser um artista ou um gênio da confeitaria para fazer cake pops. Nem é preciso ser uma doceira sensacional. Com alguns ingredientes e doces comuns, é possível transformar qualquer bolo, mesmo um bolo comprado pronto, em pequenos mimos fascinantes.

Você irá aprender os métodos que existem por trás dessa febre. Verá como é fácil decorar os cake pops. Aprenderá técnicas que vão despertar sua criatividade. E quando fizer seus primeiros cake pops, ficará muito orgulhoso com o que conseguiu. Eu prometo.

Espero que os aprecie e encontre a mesma paixão que encontrei, não importa qual seja o tema!

Está pronto para começar?

Métodos

Cake pops, cupcake pops, bombons de bolo e minicupcakes. Todos têm as mesmas coisas em comum: bolo, glacê, cobertura e graça. Mas eles não são bolos comuns. São docinhos com cobertura feitos de bolo esfarelado misturado com glacê que podem ser moldados em formas diferentes e decorados conforme a ocasião. São bem doces, úmidos e envoltos em uma cobertura açucarada.

Nas próximas páginas, estão as instruções para aprender os quatro métodos para criar delícias especiais. Prepare-se para impressionar seus amigos, sua família e até você mesmo.

As receitas a seguir se baseiam em mistura pronta para bolo e glacê comprado pronto. É uma maneira muito fácil de aprender as técnicas básicas e conseguir resultados consistentes e previsíveis. Depois, quando se sentir confortável fazendo e decorando seus próprios cake pops, será fácil partir para outras receitas de bolo e de glacês e se tornar ainda mais criativo com essências mais raras.

Ou permaneça só com as misturas prontas, como eu.

Consulte a página 30 para as combinações de mistura de bolo e as de glacês sugeridas, e as páginas 148 e 149 para receitas de bolo e de glacê feitas em casa.

MÉTODOS | 11

Receita básica de bombom de bolo

Bombons de bolo são bolinhas feitas de bolo esfarelado misturado com glacê e envolvidas em uma cobertura. São muito fáceis de fazer e formam a base de inúmeras variedades de cake pops (pirulitos de bolo) decorados, cupcake pops (pirulitos de cupcake) e minicupcakes.

RENDE 48 BOMBONS DE BOLO

VOCÊ PRECISARÁ DE

1 caixa de mistura para bolo de 500 g

Assadeira de bolo de 22 x 33 cm

Tigela grande

340 g de glacê preparado

Colher grande de metal

Papel-manteiga

2 assadeiras rasas

Filme plástico

1 kg de cobertura pronta

Tigela funda de plástico que possa ir ao micro-ondas

Palitos de dente

Saco plástico com fecho tipo zip lock ou 1 bisnaga (opcional)

Asse o bolo conforme as instruções da embalagem em uma assadeira de 22 x 33 cm. Deixe esfriar completamente.

Quando o bolo estiver frio, reserve tempo suficiente (pelo menos 1 hora) para esfarelar, enrolar e aplicar cobertura em 4 dúzias de bombons.

Esfarele o bolo frio em uma tigela grande. Veja "Como esfarelar o bolo" na página 30. Não deixe nenhum pedaço grande.

Adicione o glacê e misture-o com o bolo esfarelado usando o dorso da colher de metal, até a mistura ter liga.

A mistura deve ficar suficientemente úmida para que bolinhas de 3,5 cm possam ser enroladas e permaneçam redondas. Depois de enrolar as bolinhas de bolo com as mãos, coloque-as em uma assadeira rasa forrada com papel-manteiga.

Cubra com filme plástico e leve à geladeira por algumas horas ou coloque no congelador por aproximadamente 15 minutos. As bolinhas devem ficar firmes, não congeladas.

Se o seu objetivo for usar bolinhas de bolo sem cobertura, pare aqui e decore seus bombons, seguindo as instruções do seu projeto.

(continua)

> **A primeira vez que provei bombons de bolo foi em uma festa de Natal em 2007.** A aparência deles não era boa – pareciam bolas de pasta de amendoim –, quase não dei importância. Todavia, alguém disse que não eram bolas de pasta de amendoim, mas sim bombons de bolo. Bem, o próprio nome me incentivou a procurar saber mais. Fico feliz de ter investigado, porque, desde então, eles têm sido o doce característico de todas as reuniões de família e a base da minha mania de cake pops.

Coloque a cobertura na tigela funda de plástico que possa ir ao micro-ondas. Essas tigelas facilitam a aplicação completa da cobertura dos bombons e não queimam os dedos (normalmente, uso cerca de 500 g de cobertura por vez).

Derreta a cobertura seguindo as instruções da embalagem. Use o micro-ondas na potência média por 30 segundos de cada vez, mexendo com uma colher nos intervalos. Pode-se usar uma panela de banho-maria também. De qualquer maneira, tenha cuidado para não aquecer demais a cobertura. Ver "Instruções para cobertura" na página 32 para mais detalhes sobre o manuseio da cobertura.

Tudo pronto para começar a cobrir. Pegue, na geladeira ou no congelador, alguns bombons para trabalhar. Se estiverem no congelador, transfira o resto dos bombons para a geladeira neste ponto, para que permaneçam firmes, mas não congelem.

Coloque um bombom de cada vez na tigela de cobertura. Com a ajuda de uma colher, espalhe cobertura extra sobre as partes do bombom que não estejam completamente cobertas. Em seguida, tire o bombom com a colher. Evite virar o bombom na cobertura, pois podem cair farelos de bolo nela.

Segure a colher acima da tigela e dê umas batidinhas na lateral da tigela com o cabo da colher até cair o excesso de cobertura de volta para a tigela. Essa técnica também ajuda a deixar a superfície da cobertura lisa.

Transfira o bombom coberto para a segunda assadeira coberta com papel-manteiga, para secar. Deixe o bombom coberto deslizar para fora da colher. Pode acontecer de escorrer um pouco da cobertura ainda líquida no papel-manteiga. Se isso acontecer, pegue um palito e faça uma linha em volta da base do bombom antes de a cobertura secar. Quando secar, quebre o seu excesso.

Repita essa operação com todos os outros bombons e deixe secar completamente.

Se tiver sobrado cobertura, despeje-a em um saco plástico com fecho tipo zip lock (cortando uma ponta) ou em uma bisnaga e faça linhas na parte superior dos bombons em movimentos de ziguezague para decorar.

É possível fazer os bombons com antecedência e guardá-los em um vasilhame hermeticamente fechado na geladeira ou fora dela por vários dias.

Dicas

- Será mais fácil enrolar os bombons se você lavar e secar suas mãos periodicamente durante o processo. Seque bem as mãos toda vez e não deixe entrar água na cobertura, senão ela não poderá mais ser usada.

- É possível usar uma concha de sorvete pequena para obter bombons do mesmo tamanho.

- Se não quiser ou não precisar fazer 48 bombons, simplesmente divida o bolo em dois para 24 bombons ou em quatro para 12 e congele o restante para usar depois. Não se esqueça de reduzir a quantidade de glacê de maneira proporcional.

Levei tempo para descobrir que existem coberturas de diversas cores e sabores. Um dia me deparei com uma cobertura cor-de-rosa em uma loja e foi aí que tudo mudou. Meus olhos se abriram para as possibilidades. Pensei em como seria mimoso transformar os bombons de bolo em pirulitos, ou cake pops. Os cake pops nesta foto são os primeiros que tentei fazer. Na época, nem imaginava que eles seriam um grande sucesso.

Receita básica de cake pops

Os cake pops (pirulitos de bolo) se baseiam na mesma ideia dos bombons de bolo, com o diferencial de um palito de pirulito e um método diferente na aplicação da cobertura. Os palitos de pirulito deixam tudo ainda mais fofo, o que os torna perfeitos para lembrancinhas de festas e presentes.

RENDE 48 CAKE POPS

VOCÊ PRECISARÁ DE
1 caixa de mistura para bolo de 500 g
Assadeira de bolo de 22 x 33 cm
Tigela grande
340 g de glacê preparado
Colher grande de metal
Papel-manteiga
2 assadeiras rasas
Filme plástico
1,5 kg de cobertura pronta
Tigela funda de plástico que possa ir ao micro-ondas
48 palitos de pirulito
Base de isopor (ver p. 41)

Asse o bolo conforme as instruções da embalagem em uma assadeira de 22 x 33 cm. Deixe esfriar completamente.

Quando o bolo estiver frio, reserve tempo suficiente (algumas horas) para esfarelar, enrolar e aplicar cobertura em 4 dúzias de cake pops.

Esfarele o bolo frio em uma tigela grande. Veja "Como esfarelar o bolo" na página 30. Não deixe nenhum pedaço grande.

Adicione o glacê e misture-o com o bolo esfarelado, usando o dorso da colher de metal, até a mistura ter liga.

A mistura deve ficar suficientemente úmida para que bolinhas de 3,5 cm possam ser enroladas e permaneçam redondas. Depois de enrolar as bolinhas de bolo com as mãos, coloque-as em uma assadeira rasa forrada com papel-manteiga.

Cubra com filme plástico e leve à geladeira por algumas horas ou coloque no congelador por aproximadamente 15 minutos. As bolinhas devem ficar firmes, não congeladas.

Coloque a cobertura na tigela funda de plástico que possa ir ao micro-ondas. Essas tigelas facilitam a aplicação completa da cobertura dos bombons e não queimam os dedos. (Normalmente, uso cerca de 500 g de cobertura por vez.)

Derreta a cobertura, conforme as instruções da embalagem. Use o micro-ondas na potência média por 30 segundos de cada vez, mexendo com uma colher nos intervalos. Pode-se usar uma panela de banho-maria também. De qualquer maneira, tenha cuidado para não aquecer demais a cobertura. Ver "Instruções para cobertura" na página 32 para mais detalhes sobre o manuseio da cobertura.

Tudo pronto para começar a cobrir. Pegue, na geladeira ou no congelador, alguns bombons para trabalhar. Se estiverem no congelador, transfira o restante dos bombons para a geladeira neste ponto, para que permaneçam firmes, mas não congelem.

Mergulhe cerca de 1,5 cm da ponta de um palito de pirulito na cobertura derretida, um de cada vez, e, em seguida, insira-o até a metade de um bombom.

(continua)

Segure o palito de pirulito com o bombom na ponta, mergulhe-o inteiro na cobertura derretida até ele ficar completamente coberto, e tire-o de uma vez. Tenha em mente que a cobertura deve envolver toda a base do pirulito. Isso ajuda a segurar o bombom no palito quando a cobertura estiver endurecida. O objetivo é cobrir o bombom completamente, tirando-o da cobertura sem mergulhá-lo mais de uma vez. É bom usar uma tigela de plástico pequena e funda nesse estágio. Se você mergulhar o cake pop de novo, o peso da cobertura pode puxar a bolinha de bolo e deixá-la presa na calda de cobertura.

Quanto mais líquida for a consistência de sua cobertura, mais fácil será cobrir os cake pops. Se achar que sua cobertura está muito grossa, acrescente um pouco de gordura vegetal ou *paramount crystals* (ver p. 40) para ajudar a diluí-la e torná-la mais fluida.

Ao remover o cake pop da cobertura, o excesso de cobertura depositado pode começar a pingar. Segure o cake pop em uma mão e use a outra para dar batidinhas no punho. Gire o palito de pirulito, se necessário, para permitir que o excesso de cobertura caia por igual e que um lado não fique mais pesado do que o outro. Se o cake pop não estiver completamente envolvido pela cobertura, esse método de dar batidinhas e girar o palito completa esse trabalho. A cobertura irá escorregar aos poucos pela superfície do bombom até alcançar o palito de pirulito.

Se escorrer muita cobertura em volta da base do palito de pirulito, limpe o excesso com o dedo. Basta colocar o dedo no palito de pirulito, logo abaixo do bombom, e girá-lo, permitindo que o excesso de cobertura caia de volta na tigela. Quando a maior parte do excesso de cobertura tiver caído e parado de pingar, espete o cake pop na base de isopor (ver Dicas).

Repita essa operação com todos os outros bombons e deixe secar por completo.

Dicas

- Faça o bolo um dia antes e deixe esfriar durante a noite.

- Use um palito de dente para retocar a superfície não coberta ou para garantir que envolva o palito de pirulito.

- Certifique-se de que os bombons estão gelados e firmes antes de aplicar a cobertura. Se estiverem na temperatura ambiente, podem se desprender do palito e cair na cobertura derretida. Você pode colocá-los de novo no congelador por alguns minutos para que fiquem firmes novamente.

- Com um dos palitos de pirulito, faça furos na base de isopor, com aproximadamente 5 cm de distância um do outro, antes de começar a aplicar a cobertura nos cake pops.

- Experimente cores diferentes de cobertura para se divertir.

- Os cake pops exigem mais atenção e, portanto, demandam mais tempo para serem feitos do que os bombons de bolo. Reserve algumas horas de trabalho.

- Quando usar o método para fazer cake pops, é possível transformar as bolinhas em outras formas. Enrole as bolas, coloque-as no congelador ou na geladeira para ficarem firmes e depois molde-as na forma desejada.

Faça os bombons com antecedência e guarde-os em um vasilhame hermeticamente fechado na geladeira ou fora dela por vários dias. Você também pode cobrir cada um com pequenos saquinhos, amarrados com uma fita, espetados na base de isopor.

 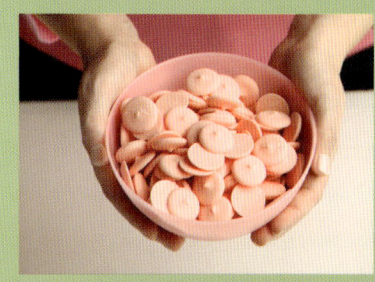 

Receita básica de cupcake pops

É possível transformar bombons de bolo em cake pops e também moldá-los em outras formas, usando um cortador de metal. Para os cupcake pops (pirulitos de cupcake) desta receita, use um cortador em forma de flor. Eles ficarão ainda mais fofinhos se receberem mais de uma cor de cobertura e forem decorados com confeitos e doces.

RENDE 48 CUPCAKE POPS

Asse o bolo conforme as instruções da embalagem em uma assadeira de 22 x 33 cm. Deixe esfriar completamente.

Quando o bolo estiver frio, reserve tempo suficiente (algumas horas) para esfarelar, enrolar, moldar, aplicar cobertura e decorar 48 cupcake pops.

Esfarele o bolo frio em uma tigela grande. Veja "Como esfarelar o bolo" na página 30. Não deixe nenhum pedaço grande.

(continua)

VOCÊ PRECISARÁ DE

1 caixa de mistura para bolo de 500 g

Assadeira de bolo de 22 x 33 cm

Tigela grande

340 g de glacê preparado

Colher grande de metal

Papel-manteiga

2 assadeiras rasas

Filme plástico

Cortador em forma de flor (medindo 3 cm de largura por 2 cm de profundidade)

1 kg de cobertura de chocolate

2 tigelas fundas de plástico que possam ir ao micro-ondas

Pano de prato

48 palitos de pirulito

500 g de cobertura cor-de-rosa

Palitos de dente

M&M's® ou outra pastilha semelhante

Confeitos

Base de isopor (ver p. 41)

Depois que descobri que existem coberturas em tantas cores diferentes, fiquei ansiosa para experimentar. Os cake pops já eram bonitinhos, mas eu queria fazê-los mais bonitinhos ainda. Transformá-los em pirulitos de cupcakes foi a sequência natural para mim. Um dia tive a ideia de usar um cortador de biscoitos que tinha na cozinha e desenvolvi essa técnica simples para fazer docinhos com bolo em diferentes formas, aos quais dei o nome de cupcake pops. A reação foi surpreendente, de um convite para aparecer no programa The Martha Stewart Show a inúmeras mensagens de leitores muito carinhosos do Bakerella.com que compartilharam sua alegria de aprender essas gostosuras.

Adicione o glacê e misture-o com o bolo esfarelado, usando o dorso de uma colher grande de metal, até a mistura ter liga.

A mistura deve ficar suficientemente úmida para que bolinhas de 3,5 cm possam ser enroladas e permaneçam redondas. Depois de enrolar as bolinhas de bolo com as mãos, coloque-as em uma assadeira rasa forrada com papel-manteiga.

Cubra com filme plástico e leve à geladeira por algumas horas, ou coloque no congelador por aproximadamente 15 minutos. As bolinhas devem ficar firmes, não congeladas.

Remova a assadeira da geladeira ou do congelador e comece a moldar as bolinhas em forma de cupcakes. Pegue uma bola gelada e enrole no formato de um cilindro. Depois, deslize-a para dentro do cortador em forma de flor. A mistura de bolo deverá preencher completamente o cortador, com o excesso formando um montinho como a parte superior de um cupcake. Use seu polegar para manter a forma plana em um dos lados, permitindo que o resto da massa forme um montinho no outro lado. Quando a forma estiver a gosto, empurre com cuidado o cupcake para fora do cortador, pela base. Se a mistura ainda estiver bem firme, você pode puxar o cupcake para fora com cuidado, segurando o montinho da parte de cima.

Coloque o bombom de bolo em forma de cupcake de volta na assadeira coberta com papel-manteiga, virada para cima.

Faça o mesmo com os bombons restantes.

Depois que todos eles estiverem moldados como cupcakes, retorne-os ao congelador por 5 a 10 minutos para mantê-los firmes.

Coloque a cobertura de chocolate em uma tigela funda de plástico que possa ir ao micro-ondas. Essas tigelas facilitam mergulhar toda a base dos cupcakes sem queimar os dedos (normalmente, uso 500 g de cobertura por vez).

Derreta a cobertura de chocolate, conforme as instruções da embalagem. Use o micro-ondas na potência média por 30 segundos de cada vez, mexendo com uma colher nos intervalos. Pode-se usar uma panela de banho-maria também. De qualquer maneira, tenha cuidado para não aquecer demais a cobertura. Ver "Instruções para cobertura" na página 32 para mais detalhes sobre seu manuseio.

Tudo pronto para começar a cobrir. Pegue, na geladeira ou no congelador, alguns cupcakes para trabalhar. Transfira o restante para a geladeira neste ponto, para que permaneçam firmes e não congelem.

Pegue um cupcake de cada vez e, segurando-o pela parte superior, mergulhe a base na cobertura de chocolate derretida – até a parte em que começa a saliência da parte superior. Tire-o da cobertura de chocolate, vire-o de cabeça para baixo e gire sua mão em um movimento circular. Isso faz com que o excesso de cobertura escorra. Quando a cobertura alcançar o limite do montinho do cupcake, pare. Tenha sempre à mão um pano de prato para limpar as pontas dos dedos, pois é muito provável que eles se sujem de cobertura. Não use água para enxaguar as mãos, porque, se entrar água na cobertura, ela não poderá mais ser usada.

Coloque o cupcake semicoberto na segunda assadeira forrada com papel-manteiga, com o lado coberto para cima, e o lado do montinho para baixo. Imediatamente mergulhe 1,5 cm da ponta de um palito de pirulito na cobertura derretida e insira o palito no fundo chato do cupcake, que está com a cobertura, antes dela endurecer. Insira até a metade, no máximo.

Repita o procedimento com os outros cupcakes.

Deixe a cobertura endurecer completamente.

Derreta a cobertura cor-de-rosa do mesmo modo que derreteu a de chocolate. Decore agora a parte superior. Com isso, o cupcake pop está pronto.

(continua)

Segure o palito e mergulhe a parte de cima do cupcake na cobertura rosa derretida. Cubra completamente a parte do cupcake que fica exposta, até o limite da cobertura de chocolate.

Tire o cupcake pop da cobertura e vire-o para cima. Se a cobertura estiver muito quente, irá escorrer pelas laterais. Se isso acontecer, espere alguns minutos para a cobertura começar a esfriar e ficar espessa. Assim, quando mergulhar os montinhos dos cupcakes, a cobertura ficará no lugar certo.

Quando a cobertura ainda estiver úmida, use um palito de dente para retocar as partes não cobertas. Depois, coloque um M&M® (com o M virado para baixo) no topo e jogue confeitos para decorar (ver p. 42).

Coloque o cupcake pop em uma base já preparada de isopor para deixar secar. Repita a operação com o restante dos cupcakes.

Guarde os pirulitos de cupcake em um vasilhame hermeticamente fechado na geladeira ou fora dela, por alguns dias. Você também pode cobrir cada um com pequenos saquinhos individuais, amarrados com uma fita, espetados na base de isopor.

Dicas

- Faça o bolo um dia antes e deixe esfriar durante a noite. Depois esfarele, enrole, modele, aplique a cobertura e decore no dia seguinte.

- Pode-se também deixar os bombons sem cobertura na geladeira, protegidos com um filme plástico, para aplicar a cobertura no dia seguinte.

- Nem é preciso colocar os palitos de pirulito. Também ficam muito fofos sem.

- Cuidado para não deixar entrar água na cobertura. Mantenha suas mãos bem secas. A água estraga a cobertura e você perde todo o trabalho.

- Faça furos na base de isopor antes de começar a aplicar a cobertura, usando um palito de pirulito. Deixe espaço suficiente entre os buracos para que os doces não fiquem muito juntos.

- Experimente combinações de cores diferentes de cobertura.

- Essa técnica pode ser usada com outros cortadores de biscoito, como corações ou borboletas (ver pp. 49 e 51).

- Coloque confeitos em uma tigela pequena e pegue um pouquinho com a ponta dos dedos para jogar nos docinhos, por cima de uma tigela maior, para reaproveitar os confeitos que caem.

- Veja um vídeo de demonstração de como criar cupcake pops no site www.marthastewart.com/recipe/cupcake-pops.

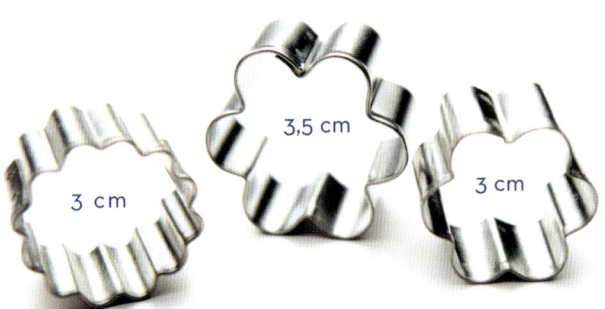

Receita básica de minicupcakes

Os cupcake pops fazem muito sucesso, mas estes minicupcakes não ficam para trás. Usando um molde de plástico para doces, é possível formar a base do cupcake. Não precisa de palitos de pirulitos. Não precisa tirar o excesso de cobertura. É apenas um produto com um acabamento profissional esmerado. E o melhor de tudo é que são fáceis de fazer!

RENDE 48 MINICUPCAKES

VOCÊ PRECISARÁ DE

1 caixa de mistura para bolo de 500 g
Assadeira de bolo de 22 x 33 cm
Tigela grande
340 g de glacê preparado
Colher grande de metal
Papel-manteiga
2 assadeiras rasas
Filme plástico
1,5 kg de cobertura de chocolate
2 tigelas fundas de plástico que possam ir ao micro-ondas
Bisnaga plástica grande
Molde de plástico de forminha de cupcake tamanho médio (com cavidades de 3,5 cm de largura)
700 g de cobertura lilás
Palitos de dente
M&M's® ou outra pastilha semelhante
Confeitos

Asse o bolo conforme as instruções da embalagem em uma assadeira de 22 x 33 cm. Deixe esfriar completamente.

Quando o bolo estiver frio, reserve tempo suficiente (algumas horas) para esfarelar, enrolar, aplicar cobertura e decorar 4 dúzias de minicupcakes.

Esfarele o bolo frio em uma tigela grande. Veja "Como esfarelar o bolo" na página 30. Não deixe nenhum pedaço grande.

Adicione o glacê e misture-o com o bolo esfarelado usando o dorso da colher grande de metal, até a mistura ter liga.

A mistura deve ficar suficientemente úmida para que bolinhas de 3,5 cm possam ser enroladas e permaneçam redondas. Depois de enrolar as bolinhas de bolo com as mãos, coloque-as em uma assadeira rasa forrada com papel-manteiga.

Cubra com filme plástico e leve à geladeira por algumas horas ou coloque no congelador por aproximadamente 15 minutos. As bolinhas devem ficar firmes, não congeladas.

Se o seu objetivo for usar minicupcakes sem cobertura, pare aqui e decore as bolinhas seguindo as instruções do seu projeto.

(continua)

MÉTODOS 25

Nas minhas idas a lojas de acessórios para bolos e festas, comecei a prestar atenção nos diversos moldes existentes na seção de doces. Quando vi um molde de forma de cupcake, imediatamente pensei que seria perfeito para reproduzir nos docinhos as forminhas de papel. Adoro a facilidade desse método.

Coloque a cobertura de chocolate em uma tigela funda de plástico que possa ir ao micro-ondas (normalmente, uso cerca de 500 g de cobertura por vez.) Derreta a cobertura, conforme as instruções da embalagem. Use o micro-ondas na potência média por 30 segundos de cada vez, mexendo com uma colher nos intervalos. Ou use uma panela de banho-maria. De qualquer maneira, tenha cuidado para não aquecer demais a cobertura. Ver "Instruções para cobertura" na página 32 para mais detalhes sobre o manuseio da cobertura.

Depois de derretida, transfira a cobertura de chocolate para uma bisnaga de plástico.

Use a bisnaga para preencher uma cavidade do molde até a metade com a cobertura de chocolate e imediatamente coloque uma bolinha de bolo dentro da cobertura. A bolinha deve ser um pouco menor do que a largura das cavidades do molde. Empurre a bolinha de bolo para baixo com cuidado até que a pressão force a cobertura para cima da cavidade e preencha os lados da bolinha de bolo. Faça algumas experiências com as primeiras para conseguir a quantidade certa de cobertura de chocolate. Pare de empurrar quando a cobertura de chocolate alcançar a parte superior da forma, para não deixar formar uma borda em volta. Repita a operação com as outras cavidades do molde.

Coloque o molde todo preenchido na segunda assadeira rasa para evitar que dobre e coloque no congelador por alguns minutos até que a cobertura de chocolate endureça.

Tire o molde do congelador e remova os minicupcakes. Dê uma torcida na forma e empurre as bolinhas de bolo para fora.

Derreta a cobertura lilás em uma tigela de plástico que possa ir ao micro-ondas; ela será usada no topo dos minicupcakes.

Segure o minicupcake pela base e mergulhe a parte superior na cobertura lilás derretida até encontrar a borda da cobertura de chocolate. Ao tirar da tigela, se a cobertura lilás não chegar até a borda do chocolate, vire o cupcake para cima e faça um movimento circular com a mão para permitir que a cobertura lilás escorra pelas laterais do topo do cupcake. Você pode usar um palito de dente para retocar áreas descobertas.

Em seguida, decore com um M&M® (com o M para baixo) e confeitos, e coloque novamente na assadeira forrada com papel-manteiga para secar por completo. Repita a operação com o restante dos minicupcakes.

Guarde os docinhos em um vasilhame hermeticamente fechado na geladeira ou fora dela, por alguns dias.

Dicas

- As nervurinhas formadas na cobertura de chocolate pelo molde podem derreter se os minicupcakes forem manuseados por muito tempo. Use luvas para não deixar marcas de dedos na hora de mergulhá-los na cobertura lilás.

- Você pode usar mais de um molde para acelerar o processo.

- Experimente combinações diferentes de cobertura para os topos e as bases dos minicupcakes.

Solução de problemas

Você seguiu as instruções, mas ainda precisa de uma ajuda. Veja abaixo como contornar algumas situações que podem ocorrer.

O bolo está muito úmido e as bolinhas não ficam redondas. Você provavelmente usou muito glacê em proporção ao bolo. Acrescente mais bolo para equilibrar. Experimente esfarelar alguns cupcakes prontos, sem o glacê.

A cobertura não cobre a bolinha de bolo por igual. Verifique se as bolinhas estão firmes, e não congeladas. Bolinhas de bolo congeladas misturadas com cobertura quente fazem a calda endurecer rápido demais, geralmente antes das bolinhas serem inteiramente cobertas. Se elas estiverem resfriadas no ponto certo e a cobertura ainda assim não se espalhar por igual, verifique se está usando a técnica correta de aplicação de cobertura (ver p. 36).

Não é possível encontrar a cobertura apropriada. Experimente derreter chocolate comum e use gordura vegetal ou *paramount crystals* (ver p. 40) para tornar mais fácil a aplicação. Essa alternativa pode ser utilizada, mas o chocolate pode não endurecer tanto quanto a cobertura apropriada; mas o importante é que os cake pops tenham uma cobertura firme, que dê boa estabilidade aos palitos.

Você fez os cake pops e a cobertura se quebrou. Pode ser que você tenha enrolado as bolinhas de bolo muito apertadas. Se tiverem sido colocadas no congelador por muito tempo, o bolo deve ter se expandido, rachando a cobertura. Não se preocupe; elas não cairão do palito se tiverem sido presas com cobertura na base. Você pode até mergulhar o bombom de bolo de novo para fixar a cobertura ou preencher a rachadura com a cobertura e decorar para disfarçar. Já vi isso acontecer com cake pops, mas não com cupcake pops ou minicupcakes, porque estes dois doces usam um método de aplicação da cobertura dividido em duas partes, que dá um intervalo para a bolinha de bolo descansar antes de receber a cobertura.

A cobertura está muito espessa. Não eleve a temperatura. Aquecer mais a cobertura não a torna mais líquida. Se a cobertura estiver derretida e, ainda assim, estiver muito espessa, adicione gordura vegetal ou *paramount crystals* (ver p. 40) até ela ficar líquida o bastante para ser possível trabalhar.

Os cake pops caem dos palitos. Certifique-se de que as bolinhas de bolo estejam firmes, sem estarem congeladas, na hora de aplicar a cobertura. Se começarem a ficar moles, coloque-as no congelador novamente por alguns minutos, para que fiquem firmes. Verifique se a cobertura está suficientemente líquida para mergulhar e tirar as bolinhas de uma só vez. Não fique mexendo os cake pops na cobertura. Por fim, verifique se ela está envolvendo a bolinha toda até a base onde o palito de pirulito foi espetado. Use um palito de dente, se necessário, para levar a cobertura até a base do palito de pirulito.

Bolo ou óleo aparece fora no bombom coberto. Verifique se o bombom de bolo está completamente coberto. Se houver uma abertura, por menor que seja, será sempre uma oportunidade para o bolo sair.

Farelos de bolo estão se misturando com a cobertura. As bolinhas de bolo podem não estar firmes o bastante. Deixe-as um pouco mais na geladeira antes de aplicar a cobertura. Se usar bolos escuros com coberturas claras, pode acontecer de alguns farelos aparecerem. Se isso acontecer, mergulhe as bolinhas outra vez em uma nova porção de cobertura derretida. Isso acontece com mais frequência com bombons de bolo do que com cake pops. Nunca mexa as bolinhas de bolo na tigela de cobertura. Coloque-as dentro da tigela, cubra-as com mais cobertura usando uma colher e retire-as.

Dá para ver o bolo através da cobertura. Se usar bolo escuro com cobertura clara, isso pode acontecer. Para tornar a cobertura mais densa, mergulhe as bolinhas de bolo uma segunda vez.

A cobertura está com uma aparência desbotada e opaca na superfície. A descoloração pode ser causada por armazenamento impróprio da cobertura ou por mudanças na temperatura durante o transporte. Para evitar isso, armazene suas coberturas em lugar seco e fresco, livre de calor ou luz direta do sol e evite mudanças de temperatura. Quando comprar cobertura em uma loja, pegue o pacote com melhor aparência, para trabalhar sem problemas. É importante saber que coberturas com problemas de descoloração podem não ser tão bonitas, mas ainda são seguras para o consumo.

Técnicas

Planeje com antecedência. Ser organizado vai lhe poupar muito tempo e evitar frustração desnecessária. Não deixe para contar os enfeites da decoração na hora de aplicar a cobertura nos cake pops. Certifique-se de que esteja tudo ao seu alcance. Os confeitos podem ficar em pratinhos, e os palitos de pirulitos podem ficar em um copinho. Faça o bolo na noite anterior e deixe esfriar. Assim, no dia seguinte, você poderá devotar seu tempo só para a cobertura e a decoração.

Para ter sucesso garantido, dedique algum tempo para ler as páginas a seguir antes de começar um projeto de cake pops. Quando terminar um projeto, consulte nas páginas 152 a 154 algumas sugestões de apresentação e armazenamento.

Para conhecer as decorações de cake pops dos leitores do Bakerella.com, visite o meu site: www.bakerella.com/pop-stars.

COMBINAÇÕES DE SABORES PARA CAKE POPS

Os cake pops podem ser feitos com inúmeras combinações de bolos e glacês. Abaixo, algumas sugestões de receitas comuns, além de vários sabores de coberturas para começar.

Bolo de chocolate:	Glacê: Creme de manteiga, creme de baunilha, cream cheese, chocolate
	Cobertura: Chocolate ao leite ou meio amargo, creme de baunilha, pasta de amendoim, creme de menta, creme de caramelo
Bolo vermelho aveludado:	Glacê: Creme de manteiga, creme de baunilha, cream cheese
	Cobertura: Chocolate ao leite, chocolate meio amargo, creme de baunilha
Bolo branco:	Glacê: Creme de manteiga, creme de baunilha, cream cheese
	Cobertura: Chocolate ao leite, chocolate meio amargo, creme de baunilha, pasta de amendoim, creme de menta, creme de caramelo
Bolo de baunilha:	Glacê: Creme de manteiga, creme de baunilha, cream cheese
	Cobertura: Chocolate ao leite, chocolate meio amargo, creme de baunilha, pasta de amendoim, creme de menta, creme de caramelo
Bolo amarelo:	Glacê: Creme de manteiga, creme de baunilha, cream cheese
	Cobertura: Chocolate ao leite, chocolate meio amargo, creme de baunilha
Bolo de limão:	Glacê: Creme de manteiga, creme de baunilha, cream cheese, glacê de limão-siciliano
	Cobertura: Chocolate ao leite, chocolate meio amargo, creme de baunilha
Bolo de morango:	Glacê: Creme de manteiga, creme de baunilha, cream cheese, glacê de morango
	Cobertura: Chocolate ao leite, chocolate meio amargo, creme de baunilha
Bolo de cenoura:	Glacê: Creme de manteiga, creme de baunilha, cream cheese
	Cobertura: Chocolate ao leite, chocolate meio amargo, creme de baunilha
Bolo de especiarias:	Glacê: Creme de manteiga, creme de baunilha, cream cheese
	Cobertura: Chocolate ao leite, chocolate meio amargo, creme de baunilha

Glacês de cor clara ficam melhores em bolos claros. O glacê se mistura com o bolo e desaparece.

Mas isso não é tudo. Adapte sua própria receita. Use os métodos como um guia para o cálculo das proporções. (Esses métodos se destinam a um bolo assado de 22 x 33 cm e a 340 g de glacê pronto.) Se a sua receita de bolo caseiro e de glacê derem uma quantidade maior ou menor, ajuste a quantidade de glacê – mais para os bolos maiores e menos para os menores. E, se você colocar muito glacê, não se preocupe. Apenas coloque mais bolo para contrabalançar as proporções. Bolos comprados prontos sem glacê podem ser usados em casos de emergência.

Você pode usar também as receitas de bolos e glacês caseiros das páginas 148 e 149.

COMO ESFARELAR O BOLO

Há duas maneiras de esfarelar o bolo e deixá-lo pronto para ser misturado com o glacê. A primeira e mais prática é usar apenas suas mãos. Este método funciona bem com misturas prontas para bolo, pois sua textura ajuda a esfarelá-lo facilmente. Corte um bolo assado de 22 x 33 cm em quatro partes iguais. Tire uma parte da assadeira, corte-a ao meio e esfregue as duas partes juntas sobre uma tigela grande, esfarelando bem os pedaços grandes que caírem. Você também pode usar um garfo para esmigalhar pedaços maiores. Repita a operação com todas as partes até que o bolo todo esteja bem esfarelado. Se deixar pedaços grandes misturados, os bombons de bolo podem ficar cheios de pelotas e buracos.

E se o bolo for caseiro? Sem problemas. Você também pode esfarelá-lo usando as mãos. No entanto, como a textura de bolos caseiros pode variar muito, talvez seja mais fácil usar o processador de alimentos para esfarelar pedaços pequenos do bolo. Isso vai garantir uma textura fina o bastante.

Depois adicione o glacê e mexa com uma colher grande até o glacê ser absorvido pelo bolo e desaparecer. Uma maneira rápida de misturar bem os dois ingredientes é usar o dorso de uma colher.

Dicas

- Quatro dúzias de cake pops é uma quantidade muito grande para fazer? Você pode fazer uma dúzia de cada vez. Um quarto do bolo rende cerca de 12 cake pops. Lembre-se de ajustar a quantidade de glacê na proporção adequada. Congele o restante do bolo e guarde para usar depois.

- Quando usar bolos de cores claras, tire as bordas escuras antes de esfarelar para evitar manchas marrons em seus bombons de bolo.

COMO CRIAR FORMAS

O bolo esfarelado misturado com glacê pode ser facilmente enrolado à mão em formas redondas. Ele também pode ser moldado em formas ovais, retangulares ou triangulares. Mudanças sutis na forma podem transformar uma árvore de natal em um coelho ou um fantasma em uma caveira. Mesmo sem mudar a forma, a decoração com confeitos e doces diferentes pode transformar uma forma redonda básica em centenas de desenhos.

Veja abaixo um guia com as formas mais usadas neste livro.

REDONDA: ursos, leões, tigres, pintinhos, porcos, vacas, gatos, monstros, bebês, renas, casquinhas de sorvete, bolas, coalas, abóboras, sapos, cachorrinhos, joaninhas, perus, pandas, palhaços, cestas de Páscoa, capelos de formatura

OVAL: carneiros, múmias, bruxas, corujas

RETANGULAR: saquinhos de pipoca, robôs

FORMA DE SINO/PERA: fantasmas, bonecos de neve, caveiras

TRIÂNGULO ARREDONDADO/CONE: árvores, gorros de Papai Noel, marcianos, morangos, coelhos, maçãs

FORMA DO CORTADOR: cupcakes, borboletas, flores, corações

INSTRUÇÕES PARA COBERTURA

As coberturas usadas para cobrir os doces também podem servir para banhar bombons de bolo, preencher fundos de moldes, ou mesmo em bisnagas para fazer desenhos. As receitas apresentadas neste livro utilizam *candy coating*, uma cobertura pronta disponível nos Estados Unidos em uma grande variedade de cores e sabores. Ela é fácil de usar e não requer têmpera, como o chocolate. Basta derreter e usar.*

Armazene as coberturas em um lugar seco e fresco até o uso. Não guarde na geladeira ou no congelador. Se armazenadas corretamente, as sobras de cobertura podem até ser reaquecidas e usadas de novo.

É sempre bom ter uma embalagem extra de cobertura à mão na cor que você estiver usando, só por precaução. Se não precisar dela, deixe para usar em um projeto futuro.

Dicas

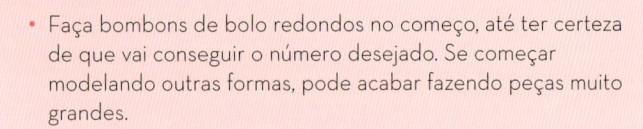

- Faça bombons de bolo redondos no começo, até ter certeza de que vai conseguir o número desejado. Se começar modelando outras formas, pode acabar fazendo peças muito grandes.

- É aconselhável colocar os bombons de bolo no congelador por alguns minutos para firmar bem a massa antes de modelar.

- Não enrole os bombons muito apertados. Eles podem se expandir depois da aplicação da cobertura e rachar.

---

*N.E.: As variedades de *candy coating* (como *candy wafers*, *compound coatings*, *confectionery coating*, *candy melts*, *chocolate bark* e *bark coating*) são muito comuns nos EUA e, portanto, facilmente encontradas em lojas especializadas. Em todas as receitas deste livro, porém, você pode substituí-la por cobertura de chocolate. Para tingir, basta derreter chocolate branco fracionado no micro-ondas ou em banho-maria e usar corante específico para chocolate.

Métodos para derreter a cobertura

Para usar cobertura, simplesmente derreta a quantidade de que precisa. Em vez de derreter toda a cobertura da embalagem de uma vez só, costumo trabalhar com 500 g de cada vez. Experimente os métodos a seguir para encontrar o que mais se adapta a você.

MICRO-ONDAS: Derreta a cobertura em uma tigela que possa ir ao micro-ondas. Ligue-o em temperatura média, mexendo a cada 30 segundos. Repita a operação até a cobertura derreter por completo. Na primeira vez que mexê-la, ela ainda estará firme. Isso é normal; continue o processo com cuidado para não aquecer demais. Se a cobertura ficar muito quente, vai engrossar e não será possível utilizá-la. Além disso, não deixe água entrar em contato com a cobertura.

PANELA DE BANHO-MARIA: Não costumo usar este método porque, na maioria das vezes, derreto mais de uma cor de cobertura e é mais fácil usar o micro-ondas e trabalhar com tigelas menores. Mas, se você for usar uma cor só, o banho-maria é uma ótima alternativa. Encha a parte de baixo da panela com água e deixe ferver em fogo brando. Tire do fogo e coloque a cobertura na parte de cima. Mexa sem parar até que ela fique completamente derretida e homogênea.

BANDEJA AQUECIDA: Esta bandeja permite que você use várias tigelas refratárias ao mesmo tempo. Escolha as que são pequenas e fundas para facilitar a aplicação da cobertura. Coloque a bandeja na temperatura baixa para manter várias cores derretidas.

Como diluir a cobertura

É um prazer trabalhar com cobertura se ela estiver a seu favor. Às vezes, ela fica muito grossa, dificultando mergulhar os cake pops. Coberturas de cores escuras podem apresentar esse problema. Uma maneira fácil de afinar a cobertura é acrescentar pedaços de um produto chamado *paramount crystals* (ver p. 40). Mexa até derreter e a cobertura ficar fluida. Você também pode usar gordura vegetal comum ou óleo vegetal como alternativa. Comece adicionando apenas uma colher de chá. Mexa até derreter. Adicione mais, se precisar, até a cobertura ficar fluida e fácil de trabalhar.

Chocolate como substituto para a cobertura

O chocolate comum pode ser usado como substituto para a cobertura, mas lembre-se de que as coberturas são feitas apenas para isto: cobrir. Chocolates para culinária ou em barras vão cobrir os bombons de bolo, mas podem não endurecer como a cobertura. Mas o importante é que os cake pops tenham uma cobertura firme que dê boa estabilidade aos palitos. Também pode ser necessário diluir o chocolate com gordura vegetal ou *paramount crystals* para torná-lo mais fluido.

Como colorir a cobertura

Embora existam coberturas em uma variedade de cores, às vezes você quer criar suas próprias cores. Tingir a cobertura branca também é uma ótima alternativa se você precisa apenas de uma quantidade pequena de uma cor e não quer comprar um pacote inteiro. Adicione algumas gotas de corante para cobertura para iniciar. Adicione mais, poucas gotas de cada vez, até conseguir o tom que deseja. Se você colocar muito corante, pode clareá-lo adicionando mais cobertura branca.

Certifique-se de que está usando corantes para cobertura à base de óleo, e não corantes alimentícios comuns, que contêm água. Corantes alimentícios vão estragar a cobertura.

Cores de cobertura

Além de coberturas com sabores, como chocolate e pasta de amendoim, existe uma variedade de cores para as coberturas de baunilha. Veja abaixo uma tabela com cores e sabores de três fabricantes conhecidos. Todos os três oferecem basicamente as mesmas cores; porém, os tons podem ser ligeiramente diferentes.

Cores e sabores	Make 'n Mold	Merckens	Wilton
Sabor de chocolate ao leite	•	•	•
Sabor de chocolate meio amargo	•	•	•
Sabor de pasta de amendoim	•	•	
Sabor de creme de caramelo		•	
Branca – com sabor de baunilha	•	•	•
Superbranca – com sabor de baunilha			•
Rosa claro – com sabor de baunilha	•		•
Rosa escuro – com sabor de baunilha			•
Laranja – com sabor de baunilha	•	•	•
Amarelo – com sabor de baunilha	•	•	•
Azul – com sabor de baunilha	•	•	•
Azul-marinho – com sabor de baunilha	•		
Verde-claro - com sabor de baunilha	•	•	•
Verde-escuro – com sabor de baunilha	•	•	•
Vermelho – com sabor de baunilha	•	•	•
Lilás – com sabor de baunilha	•	•	•
Salmão – com sabor de baunilha		•	
Preto* – com sabor de baunilha			•

*Disponível no Halloween

Existem também coberturas com sabor de menta ou chocolate nas cores branca, verde e rosa.

Não se esqueça de que coberturas brancas ou de cores claras podem não cobrir bem bolos escuros. Se quiser que a cobertura fique bem densa, aplique uma segunda camada.

Misture cores diferentes de cobertura para criar outras cores ou use cobertura branca para clarear cores escuras.

Como adicionar sabores

Além de adicionar cores, também é possível adicionar sabores à cobertura com óleos essenciais específicos. Essas essências são mais fortes do que as essências e os extratos comuns encontrados nos mercados. A quantidade a ser usada é mínima. Alguns exemplos de essências são *blueberry*, chiclete, melancia e menta.

MÉTODOS DE APLICAÇÃO DA COBERTURA

Menciono esses métodos ao longo do livro, mas acho que são tão importantes que quero apresentá-los aqui em especial.

A pergunta que me fazem sempre é: "Como você consegue uma cobertura tão homogênea?". É simples.

Use tigelas pequenas para que a cobertura derretida preencha cerca de 7,5 cm de profundidade. Verifique se a cobertura está líquida o suficiente para mergulhar e tirar facilmente os cake pops. Você pode usar *paramount crystals* (ver p. 40), gordura vegetal ou até mesmo óleo vegetal para diluir a cobertura. Em seguida, apenas bata delicadamente para retirar o excesso de cobertura, usando um dos seguintes métodos.

BOMBONS DE BOLO: Se estiver fazendo bombons de bolo, coloque uma bolinha em uma tigela pequena e funda com cobertura derretida. Cubra-a completamente, usando uma colher, sem movê-la dentro da cobertura. Depois, tire a bolinha com a colher. Com ela ainda na colher, dê várias batidinhas na lateral da tigela com o cabo até cair o excesso de cobertura na tigela. Então, deixe a bola deslizar da colher para a assadeira rasa coberta com papel-manteiga para secar.

As instruções completas para bombons de bolo começam na página 11.

CAKE POPS: As batidinhas também funcionam para os cake pops, mas são feitas de maneira diferente. Certifique-se de que a quantidade de cobertura seja suficiente para cobrir por completo o cake pop já fixado no palito. Pequenas tigelas de plástico estreitas e fundas que possam ir ao micro-ondas são as melhores, pois você pode segurá-las sem queimar os dedos (as de vidro esquentam muito). Molhe aproximadamente 1 cm da ponta de um palito de pirulito na cobertura derretida e espete no bombom, sem passar da metade.

Depois, mergulhe o cake pop na cobertura derretida, cobrindo-o completamente, e retire-o da cobertura em um único movimento. Se a cobertura estiver muito espessa, bata de leve para tirar o excesso. Segure o pirulito sobre a tigela com uma mão e bata delicadamente no punho com a outra mão. Se você usar a mão que está segurando o pirulito para bater o excesso de cobertura, o movimento será muito forte e pode fazer o bombom ficar solto ou voar do palito. Bater no pulso segurando o pirulito absorve um pouco o impacto. O excesso de cobertura cairá, mas é preciso girar o palito do pirulito para que a cobertura não se concentre em um dos lados, tornando-o pesado nesse lado. Se juntar muita cobertura na base do palito, simplesmente use o dedo para limpar, girando ao mesmo tempo o palito do pirulito. Isso pode acontecer se a cobertura estiver muito fina ou muito quente. Não é tão difícil quanto parece; é só pegar um pouco de prática.

As instruções completas para cake pops começam na página 15.

CUPCAKE POPS: Este é um método de duas partes, mas é o que considero o mais prazeroso de fazer. Depois de ter moldado os cupcakes com o cortador e levado à geladeira para firmar, mergulhe a base do cupcake na cobertura derretida, segurando-o pela parte de cima, com os dedos. Mergulhe o cupcake até o ponto em que começa a parte saliente. Em seguida, gire sua mão ao contrário para permitir que a cobertura escorra. Isso ajudará a base do cupcake a ficar inteiramente coberta. Enquanto estiver segurando o cupcake de cabeça para baixo, gire sua mão em movimentos circulares. Isso equivale às batidinhas dadas nos cake pops. O movimento giratório força a cobertura a deslizar pelos lados do cupcake e, ao mesmo tempo, cria uma superfície homogênea. Quando a cobertura chegar ao início da parte saliente, transfira o pirulito de cupcake para uma assadeira rasa coberta com papel-manteiga, com o lado saliente virado para baixo. Molhe imediatamente 1 cm do palito de pirulito na cobertura derretida e depois espete-o na base do cupcake, sem deixar passar da metade. Repita a operação com os outros cupcakes, antes de aplicar a cobertura na parte de cima deles.

Antes de aplicar a cobertura na parte de cima dos cupcakes, deixe a cobertura da segunda cor esfriar ou assentar por alguns minutos. Coberturas muito quentes podem escorrer pelas laterais. Se estiverem ligeiramente frias, aderem melhor.

Para banhar a parte de cima do cupcake pop, segure-o pelo palito e embeba-o na cobertura derretida até cobrir completamente a parte saliente, atingindo o limite da base. Use um palito de dente para direcionar a cobertura e retocar áreas expostas do bolo.

As instruções completas para cupcake pops começam na página 19.

MINICUPCAKES: Este é outro método de duas partes. No entanto, o minicupcake é mergulhado apenas uma vez. Coloque um tipo de cobertura derretida em uma bisnaga e use-a para preencher uma cavidade de um molde de plástico para doces até a metade. Coloque um bombom de bolo firme (de largura menor do que a abertura do molde) dentro da cavidade. Empurre-o para baixo com cuidado até que a pressão force a cobertura para cima do molde e preencha os lados do bombom de bolo. Faça algumas experiências com os primeiros para obter a quantidade ideal de cobertura. Pare de empurrar quando a cobertura alcançar a borda do molde, para não deixar formar uma aba em volta da borda. Repita a operação com as outras cavidades. Coloque o molde no congelador por alguns minutos para deixar a cobertura ficar firme. Tire-o do congelador e puxe os minicupcakes segurando suas partes expostas. Dê também uma pequena torcida no molde para ajudar a soltar os minicupcakes.

Depois é só banhar as partes de cima dos minicupcakes em uma segunda cobertura derretida, segurando-os pelas bases. Tente ser rápido, porque, se segurar a base por muito tempo, as nervuras formadas pelo molde ficarão com marcas de dedos. Use luvas especiais para doces (ver p. 41) a fim de evitar isso.

As instruções completas para minicupcakes começam na página 25.

O que fazer e o que não fazer

- Use uma tigela funda o suficiente para banhar os cake pops e tirá-los de uma só vez.
- Não deixe entrar água na cobertura.
- Mantenha um pano de prato ou papel toalha próximo para secar as mãos.
- Não aqueça demais a cobertura.
- Use gordura vegetal ou *paramount crystals* para diluir coberturas muito espessas.
- Não use corantes alimentícios comuns para tingir coberturas. Use apenas corantes especiais para coberturas.
- Não empurre os palitos de pirulitos além da metade do bombom de bolo.
- Molhe os palitos na cobertura derretida antes de enfiá-los nos cake pops.
- Não mergulhe bombons de bolo congelados na cobertura. Firmes, sim. Congelados, não.
- Divirta-se muito.

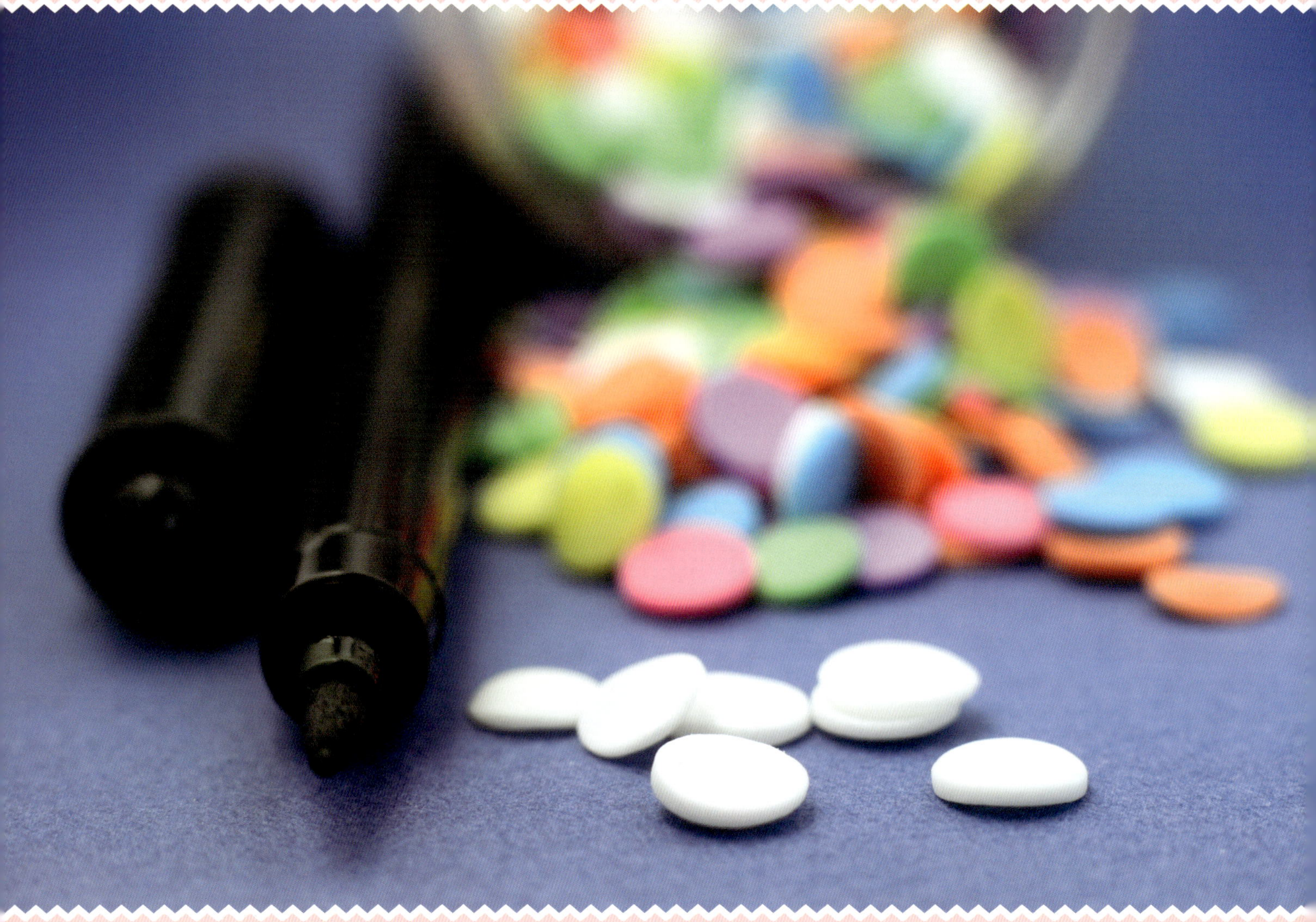

MEUS DOIS UTENSÍLIOS PREFERIDOS

Canetas para decorar alimentos

Essas canetas são excelentes para ter à mão se quiser dar personalidade aos cake pops. São rápidas e fáceis de usar. Use-as para desenhar olhos, bocas, cílios e outras coisas. As canetas da marca Americolor Gourmet Writer vêm em cores como preto, marrom, cor-de-rosa, vermelho, azul e outras. Você pode comprar um conjunto completo ou apenas na cor preta, conforme sua necessidade.

Use com cuidado. Se apertar muito forte ao desenhar na cobertura, resíduos da cobertura podem se acumular na ponta da caneta, dificultando seu uso. Escreva bem de leve. Ao desenhar olhos em confeitos, porém, é necessário um pouco mais de pressão. Imagine que a caneta é um pincel e que os cake pops são sua tela.

Palitos de dente

Sempre tenha uma pequena quantidade de palitos ao seu alcance.

São úteis para direcionar a cobertura que ainda não cobriu direito toda a superfície do cake pop. São úteis para texturizar a superfície da cobertura. Ou, se a cobertura se empoçar na base dos bombons de bolo depois de terem sido colocados na assadeira com papel-manteiga para secar, simplesmente pegue um palito de dente e faça uma linha através da cobertura, rente ao bombom de bolo. Quando secar, quebre a cobertura em excesso para obter uma aparência mais limpa.

Palitos de dente também são úteis para aplicar cobertura como "cola". Também são extremamente úteis na hora de decorar. Depois que os cake pops estão cobertos e secos, use a cobertura que sobrou na tigela como cola. Aplique nos doces ou confeitos com um palito de dente para grudá-los nos cake pops. Também é possível aplicar a cobertura em um bombom de bolo coberto e seco e depois colocar os acessórios ou enfeites na posição certa. Use pouca quantidade de cobertura para grudar os itens menores, como confeitos para olhos. Use uma quantidade um pouco maior para enfeites maiores, como M&M's® ou pastilhas de um colar de balas. Quando a cobertura secar, o enfeite estará grudado ou "colado". Se a cobertura secar na tigela, é só aquecer de novo para derreter.

INGREDIENTES PRINCIPAIS

Segue uma lista de ingredientes usados no preparo de cake pops.

BOLO: Misturas prontas para bolos, bolos feitos em casa e bolos comprados prontos podem ser usados para criar seus cake pops. Procure não usar bolos muito úmidos ou que contenham frutas, porque, quando misturada com o glacê, a massa pode ficar pegajosa.

GLACÊ: Combine qualquer sabor de glacê com qualquer sabor de bolo de sua preferência. Glacês feitos em casa também podem ser usados. Se usar glacês com ingredientes perecíveis, como cream cheese, guarde os docinhos prontos na geladeira. Quando for comprar glacês prontos para uso, evite as variedades que são batidas.

COBERTURAS: Existem coberturas em forma de discos e também em barras. Wilton e Make 'n Mold são marcas populares nos EUA, que podem ser encontradas em lojas de artesanato e até mesmo na internet. Merckens é outra marca disponível na internet e em lojas de artigos para festas. Empórios, como Kroger, costumam até oferecer sua própria marca de cobertura. Saiba que, se fizer um pedido de cobertura pela internet nos meses de verão, ela pode chegar já derretida. Não se preocupe; mesmo assim, dá para usar.

CORANTES PARA COBERTURA: Wilton e Chefmaster são dois fabricantes de corantes para coberturas. Esses corantes são à base de óleo e não contêm água. Nunca use corantes alimentícios comuns, que contêm água na composição, porque vão arruinar sua cobertura.

BISNAGAS DE COBERTURA PARA ESCREVER: Experimente essas bisnagas práticas de cobertura colorida para pequenos detalhes. Aqueça, seguindo as instruções no pacote, e use a própria bisnaga para escrever. São rápidas, fáceis de usar e não fazem bagunça. Existem nas cores preta, marrom, vermelha, branca, amarela, verde, laranja, cor-de-rosa, entre outras.

ÓLEOS ESSENCIAIS: Use óleos essenciais para acrescentar sabores às coberturas. Não são estritamente necessários, mas você pode experimentá-los por diversão.

PARAMOUNT CRYSTALS: Trata-se de um produto americano usado para diluir coberturas. Gordura vegetal e óleos vegetais também podem servir como alternativas. Comece adicionando uma colher de chá para cerca de 500 g de cobertura; se necessário, acrescente mais até que ela fique suficientemente fluida para mergulhar os docinhos.

CONFEITOS DECORATIVOS COMESTÍVEIS: Confeitos, balas, nozes e biscoitos são meios divertidos de transformar simples cake pops em doces de festa para cada ocasião.

CANETAS PARA DECORAR ALIMENTOS: Americolor Gourmet Writer é uma marca popular de canetas para decorar alimentos nos EUA. São vendidas em embalagens de dez cores diferentes e também em embalagens com duas na cor preta.

EQUIPAMENTOS

Você pode fazer maravilhas com estes simples utensílios. Os equipamentos detalhados a seguir são recomendados para a confecção de lindos cake pops, cupcake pops, bombons de bolo e minicupcakes.

ASSADEIRA PARA BOLO: Use uma assadeira de 22 x 33 cm. Compre uma assadeira com tampa – é prática para quando quiser fazer o bolo na noite anterior à aplicação da cobertura e à decoração.

BATEDEIRA ELÉTRICA: Você vai precisar de uma, a não ser que use bolos e glacês comprados prontos.

MICRO-ONDAS: Eu não conseguiria viver sem o meu. Com ele, dá para derreter coberturas coloridas, na medida que precisar.

PANELA DE BANHO-MARIA: A panela de banho-maria pode aquecer a cobertura devagar, sem deixar ficar muito quente, mas não é uma necessidade. É ótima para grandes quantidades.

CORTADORES: Use um cortador pequeno em forma de flor para fazer cupcake pops. Os cortadores devem ter aproximadamente 3 cm de largura por 2 cm de profundidade. Os maiores (4 cm de largura por 1,5 cm de profundidade) podem ser usados para fazer flores e corações; os redondos, para cortar coberturas em pasta, nas formas desejadas para decorar.

TIGELAS QUE POSSAM IR AO MICRO-ONDAS: As tigelas de plástico durável (sem melamina) são melhores para derreter a cobertura no micro-ondas. São leves e você pode segurá-las sem perigo de queimar as mãos enquanto está mergulhando os docinhos. Procure tigelas estreitas e fundas. Elas facilitam a aplicação da cobertura e permitem trabalhar com quantidades menores de cobertura de cada vez. Tigelas grandes exigem maior quantidade de cobertura derretida para cobrir o doce na hora da aplicação. Se a cobertura começar a baixar na tigela, você pode transferi-la para uma caneca ou para uma tigela menor. Assim, a cobertura é aproveitada ao máximo.

TIGELAS E COLHERES PARA MISTURAR: Tigelas grandes e colheres de metal são usadas para misturar o bolo e o glacê.

PALITOS DE PIRULITO: Utilizo palitos de papel em vários tamanhos e larguras. Os de 15 cm de comprimento são os mais versáteis para expor os cake pops.

BASE DE ISOPOR: Use bases de pelo menos 5 cm de espessura para que os cake pops possam ser bem fixados e não caiam. Faça buracos na superfície a cada 5 cm antes de começar a aplicar a cobertura nos doces, para deixar tudo preparado para a hora de usar. Não faça buracos que atravessem a base de um lado para o outro. Uma base de 30 x 45 cm pode conter 48 pirulitos.

MOLDES PARA DOCE: Podem ser encontrados em centenas de formatos e tamanhos. Neste livro, uso formas redondas, quadradas, discos, entre outras. Procure conhecer o que existe disponível e deixe sua criatividade fluir.

ASSADEIRAS RASAS: Assadeiras de 30 x 45 cm podem conter 48 bombons de bolo. No entanto, assadeiras com bordas mais baixas são fáceis de colocar no congelador ou na geladeira – especialmente se você tiver um refrigerador *side-by-side*.

PAPEL-MANTEIGA: Tenha sempre à mão papel-manteiga para forrar assadeiras antes de colocar os bombons de bolo, os cupcake pops e os minicupcakes; isso ajuda a removê-los com facilidade.

PALITOS DE DENTE: São muito úteis para retoques, aplicação de cobertura e decoração.

TIGELINHAS PARA CONFEITOS: Despeje os confeitos em uma tigelinha para que você possa pegar com a ponta dos dedos e polvilhar cada docinho. Se você polvilhar direto do pacote, vai desperdiçar muito.

BISNAGAS: São perfeitas para decorar, e existem em tamanho pequeno, médio e grande, para todas as necessidades. Você também pode colocar a cobertura derretida em sacos plásticos com fecho tipo zip lock. Apenas corte um pedacinho do canto do saco e aperte o conteúdo pelo buraco.

PANOS DE PRATO: Tenha sempre panos de prato à mão, especialmente quando fizer cupcake pops. A cobertura pode cair em seus dedos facilmente e é melhor limpá-los em um pano de prato seco do que correr o risco de deixar água entrar na cobertura.

LUVAS: São ótimas para fazer minicupcakes. Na hora de segurar a base deles feita no molde, o calor do seu corpo pode deixar marcas na cobertura. As luvas ajudam a evitar isso. Se você for rápido para banhar os doces, não precisa se preocupar com luvas.

PINÇAS: Mantenha pinças à mão para uso exclusivo na cozinha. Podem ser usadas para colocar pequenos confeitos na superfície dos cake pops.

BANDEJA AQUECIDA: Este utensílio é muito bom se você fizer uma grande quantidade de cake pops e usar mais de uma cor, mas não é uma necessidade.

CONFEITOS

Confeitos são muito divertidos. Existem diversas formas, tamanhos e cores. Você vai se surpreender ao ver como são fáceis de serem usados para dar personalidade aos cake pops. A seguir estão alguns dos confeitos mais usados neste livro. Não se esqueça de que, em muitos casos, os confeitos de uma cor só usados nesses projetos são escolhidos em embalagens de confeitos multicoloridos.

- Corações de chocolate e granulados
- Granulados coloridos
- Confetes coloridos
- Confetes grandes
- Corações grandes
- Estrelas grandes
- Boquinhas vermelhas
- Minicorações
- Losangos coloridos
- Corações coloridos
- Miçangas coloridas
- Confeitos ovais
- Miniconfeitos de cores pastéis
- Florzinhas em tons pastéis
- Naipes de baralho
- Minigotas de chocolate confeitadas
- Açúcar cristal
- Bolinhas de açúcar (pérolas de açúcar)

Dica

- Gosto de comprar confeitos vendidos em datas comemorativas para ter sempre à mão. Por exemplo, perto do Halloween você encontra confeitos pretos, que podem ser mais difíceis de achar em outras épocas do ano.

OUTROS ITENS DECORATIVOS

Parecidos com confeitos, doces ou outras delícias podem ser divertidos para dar vida aos seus cake pops. Procure nas prateleiras de doce do mercado, farmácia ou mesmo loja de conveniência. Você vai começar a ver os doces de uma maneira inteiramente nova, inspirando suas criações de cake pops.

DOCES

- Sementes de girassol confeitadas
- Colar de balas
- *Caramel candy corn*†
- Grãos de café cobertos de chocolate
- Grãos de café cobertos de chocolate meio amargo
- Amendoim praliné
- Bala mastigável *stick* com sabor de frutas
- Hershey's Kisses®
- Jujubas
- Balinhas de menta cobertas de chocolate (Junior Mints®)
- Tubinhos de alcaçuz
- Balas de alcaçuz
- Balas de alcaçuz em tons pastéis
- Balas em formato de aro
- Balas de gelatina em formato de aro
- M&M's®
- Mini M&M's®
- *Pastel candy corn*††
- Bala de gelatina *stick* colorida
- Balinhas de canela
- Tubinhos de gelatina cítricos
- Tic Tac®
- Grãos de café com cobertura de baunilha

OUTROS ITENS

- Pretzels em formato de letras do alfabeto*
- Gotas de chocolate
- Coco ralado
- Macarrão japonês *somen***
- Minimarshmallows
- Minibiscoitos de chocolate recheados
- Biscoitos de chocolate com recheio de baunilha
- Gotas de pasta de amendoim (*peanut butter chips*)
- Pretzel em palitinhos (Stiksy®)
- Biscoito pretzel em formato tradicional
- Casquinhas de sorvete
- Biscoitos em formato de ursinho
- Gotas de chocolate branco

†N.E.: Bala de gelatina em formato de grão de milho sabor caramelo.
††N.E.: Bala de gelatina em formato de grão de milho em tons pastéis e sabor mel.
*N.E.: No Brasil, é comercializada bala de gelatina neste formato.
**N.E.: Macarrão bem fino e branco feito de farinha de trigo.

Confeitos: 1. Confetes de Halloween 2. Florzinhas em tons pastéis 3. Minigotas de chocolate confeitadas 4. Corações grandes coloridos 5. Boquinhas vermelhas 6. Granulados (marrom e laranja) 7. Granulados coloridos 8. Corações grandes 9. Corações de chocolate e granulados 10. Estrelas grandes 11. Losangos grandes 12. Bolinhas de açúcar (pérolas de açúcar) 13. Minicorações cor-de-rosa 14. Corações coloridos 15. Confeitos ovais 16. Naipes de baralho 17. Açúcar cristal 18. Miniconfetes 19. Confetes 20. Confetes grandes

Dica: Aproveite épocas especiais para adquirir confeitos em cores e formas diferentes que não estão disponíveis o ano todo.

Doces: 1. Bala em formato de aro **2.** *Caramel candy corn* **3.** *Pastel candy corn* **4.** Bala de gelatina *stick* colorida **5.** Bala de gelatina em formato de aro **6.** Bala de alcaçuz (tons tradicionais e pastéis) **7.** Jujuba **8.** Roda de alcaçuz **9.** Balinha redonda **10.** Hershey's Kisses® de chocolate meio amargo **11.** Tic Tac® **12.** Amendoim praliné **13.** Colar de balas **14.** Bala de alcaçuz em tons pastéis **15.** Grãos de café cobertos de chocolate ao leite e chocolate meio amargo **16.** M&M's® **17.** Balinha mastigável redonda **18.** Semente de girassol confeitada **19.** Tubinho de alcaçuz **20.** M&M's® cor-de-rosa e natalino **21.** Tubinho de gelatina cítrico **22.** Mini M&M's®

Dica: Em épocas especiais, é possível encontrar doces como M&M's® e *candy corn* em cores que não existem em outras épocas do ano.

Outros itens: 1. Gota de chocolate **2.** Gota de chocolate branco **3.** Minimarshmallow **4.** Biscoito de chocolate com recheio de baunilha **5.** Noz-pecã **6.** Gota de caramelo (*butterscotch chips*) **7.** Gota grande de chocolate **8.** Biscoito em formato de ursinho **9.** Casquinha de sorvete **10.** Minibiscoito de chocolate recheado **11.** Pretzel em palitinho **12.** Coco ralado **13.** Rosquinha de chocolate

Dica

- As quantidades de ingredientes das páginas a seguir são para fazer 48 cake pops. Lembre-se de que você não precisa começar com uma proposta tão grande. Divida o bolo em quatro partes, use primeiro um quarto e congele o resto. Não se esqueça de reduzir proporcionalmente a quantidade de glacê, cobertura e confeitos. Uma dúzia de cake pops é o suficiente para os iniciantes e é um bom número para começar sem se sentir pressionado.

Projetos de Cake Pops

Esta seção retrata dezenas de ideias de decoração para cake pops. Desde os mais simples aos mais sofisticados, estes são alguns dos doces mais bonitinhos no palito. Você vai se surpreender ao ver com que facilidade confeitos e doces podem transformar formas comuns em criações únicas. Coelhinhos, monstros, flores, palhaços – não há limite! Os cake pops incluídos aqui são apenas para começar. Espero que eles inspirem sua criatividade para criar projetos exclusivos. Você vai se surpreender com a sua própria capacidade. Isso aconteceu comigo.

Quer você use mistura pronta, prepare o próprio bolo ou o compre pronto para brincar, estas ideias são para embarcar numa doce diversão. Portanto, arranje bolo, glacê, cobertura e palitos de pirulito e vamos começar!

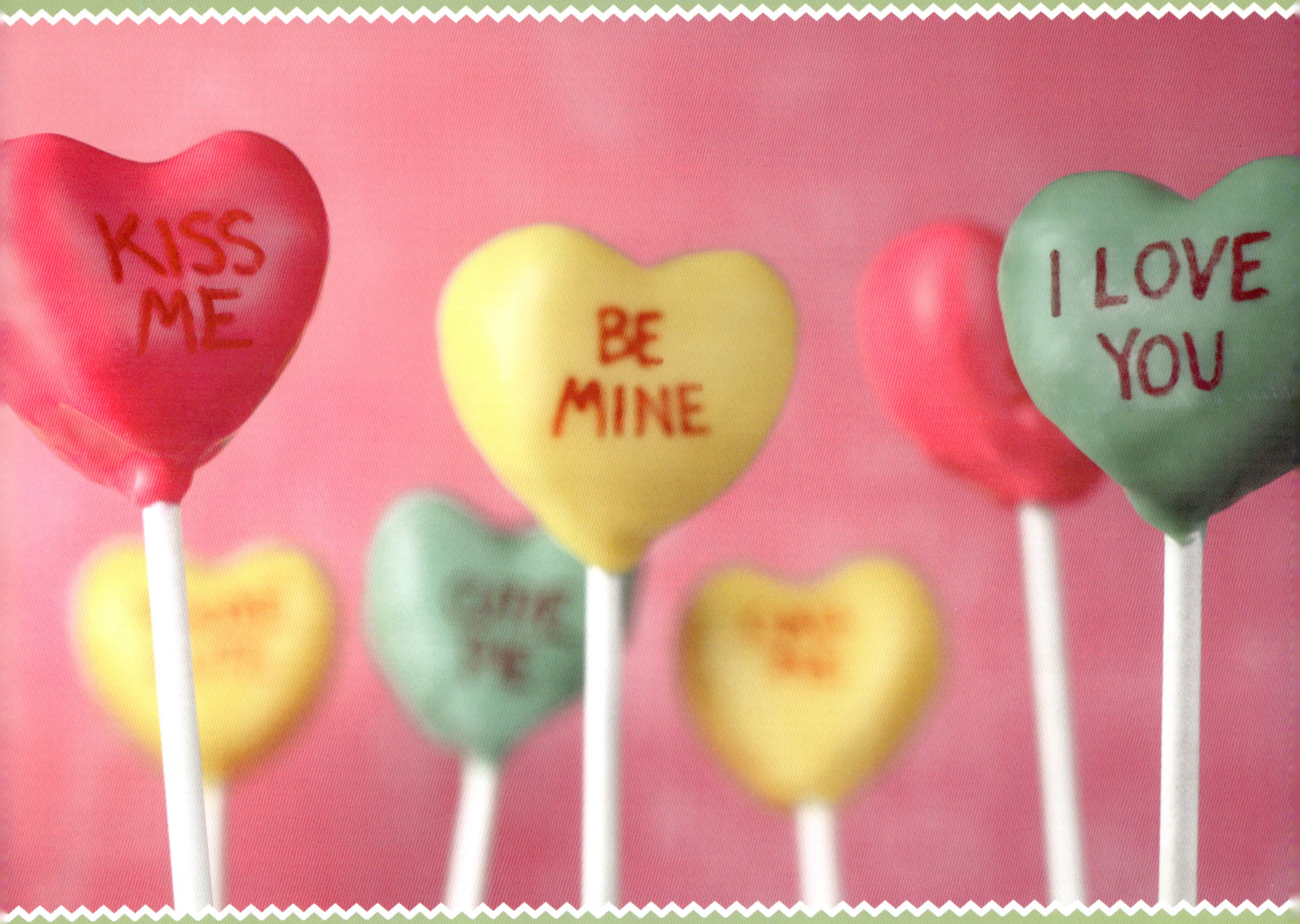
KISS ME
BE MINE
I LOVE YOU

Doces corações

Nada deseja tão bem um feliz Dia dos Namorados quanto uma mensagem doce. Expresse seu amor usando uma caneta para decorar alimentos vermelha. Ou escreva apenas um "me morda" para se divertir.

VOCÊ PRECISARÁ DE

48 bombons de bolo (p. 11) sem cobertura

Cortador de metal em forma de coração, com 4 cm de largura

500 g de cobertura amarela

500 g de cobertura cor-de-rosa

500 g de cobertura verde-claro

3 tigelas fundas de plástico que possam ir ao micro-ondas

48 palitos de pirulito

Base de isopor

Caneta para decorar alimentos vermelha

PARA DECORAR

Tire os bombons de bolo da geladeira e pressione-os, um de cada vez, em um cortador em forma de coração para obter o formato ou, se você conseguir, molde-os na mão. Os corações devem ter aproximadamente 4 cm de largura por 1,5 cm de profundidade.

Depois de modelar, coloque os corações de bolo no congelador por aproximadamente 15 minutos, para que fiquem firmes novamente para a cobertura. Quando estiverem firmes, transfira-os para a geladeira. Retire alguns bombons para aplicar a cobertura.

Derreta cada cor de cobertura separadamente na tigela plástica, seguindo as instruções da embalagem. A cobertura deve preencher cerca de 7,5 cm de profundidade da tigela para facilitar a aplicação. Trabalhe com uma cor de cada vez para depois ir para a outra. (Dá para fazer 16 cake pops de coração com cada 500 g de cobertura.)

Mergulhe cerca de 1,5 cm da ponta de um palito de pirulito na cobertura derretida e, em seguida, insira o palito até a metade de um bombom. Mergulhe o cake pop na cobertura, deixando o excesso escorrer, como descrito na página 36.

Repita todo o procedimento com os outros bombons de bolo.

Deixe os cake pops secarem na base de isopor.

Quando estiverem completamente secos, use a caneta para decorar alimentos vermelha para escrever recadinhos doces em um dos lados de cada cake pop.

Recoloque os cake pops na base de isopor e deixe a tinta secar por completo.

Dica

- Nestas flores, em vez de balinhas redondas, você também pode usar M&M's® amarelos ou outras pastilhas do mesmo formato.

Folia de primavera

Cortadores em forma de borboleta e de flor são uma maneira fácil de conseguir formatos diferentes.

VOCÊ PRECISARÁ DE

48 bombons de bolo (p. 11) sem cobertura

Cortador em forma de flor (4 cm de largura x 2 cm de profundidade)

Cortador em forma de borboleta (4 cm de largura x 2 cm de profundidade)

1,5 kg de cobertura branca

Tigela funda de plástico que possa ir ao micro-ondas

48 palitos de pirulito

24 balas de alcaçuz em tons pastéis

24 balinhas mastigáveis redondas amarelas ou similares

Base de isopor

Palitos de dente

216 confetes em tons pastéis (para as flores e as borboletas)

48 confeitos grandes de coração (para 24 borboletas)

48 confeitos granulados coloridos (para 24 borboletas)

PARA DECORAR

Molde metade dos bombons de bolo usando um cortador pequeno no formato de flor e a outra metade usando um cortador pequeno no formato de borboleta. Pressione a mistura de bolo no cortador até preencher toda a forma.

Depois de modelar, coloque as flores e as borboletas de bolo no congelador por cerca de 15 minutos, para que fiquem firmes novamente para a cobertura. Quando estiverem firmes, transfira-os para a geladeira.

Derreta a cobertura branca na tigela plástica seguindo as instruções da embalagem. A cobertura deve preencher cerca de 7,5 cm da tigela para facilitar a aplicação (normalmente, uso cerca de 500 g de cobertura por vez).

Retire alguns bombons da geladeira para aplicar a cobertura.

Mergulhe cerca de 1,5 cm da ponta de um palito de pirulito na cobertura derretida e, em seguida, insira o palito até a metade de um bombom. Mergulhe o cake pop na cobertura, deixando o excesso escorrer, como descrito na página 36. Antes de a cobertura endurecer, coloque uma bala de alcaçuz na frente de cada borboleta e uma balinha redonda amarela na frente de cada flor.

Repita todo o procedimento com os outros bombons.

Deixe os cake pops secarem na base de isopor.

Nas flores, use um palito de dente para colocar um pouquinho de cobertura derretida na parte da frente e colar um confete em cada pétala.

Nas borboletas, use um palito de dente para colocar um pouquinho de cobertura na parte de cima para colar os confeitos de coração e os confetes em cada asa da borboleta. Depois coloque dois granulados coloridos na cobertura já endurecida, na parte superior, para fazer as antenas.

Para adicionar mais detalhes, salpique cobertura em volta do contorno da borboleta com um palito de dente para definir as asas.

Deixe os cake pops secarem na base de isopor.

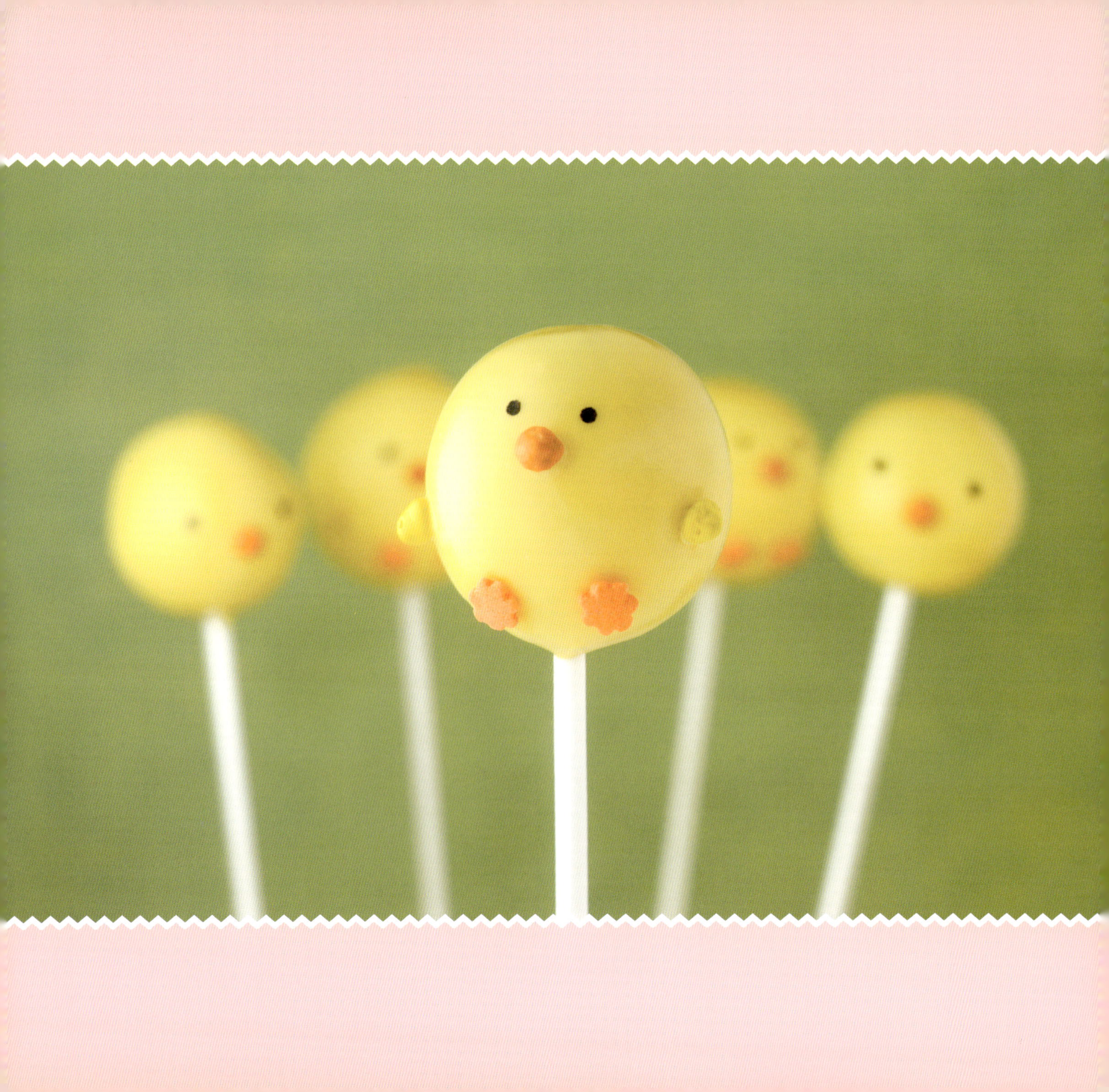

Pintinhos

Estes adoráveis pintinhos são um convite à alegria em forma de pirulitos.

VOCÊ PRECISARÁ DE

48 bombons de bolo (p. 11) sem cobertura

1,5 kg de cobertura amarela

Tigela funda de plástico que possa ir ao micro-ondas

48 palitos de pirulito

Base de isopor

Palitos de dente

48 minigotas de chocolate confeitadas laranjas

96 minigotas de chocolate confeitadas amarelas

96 florzinhas laranjas

Caneta para decorar alimentos preta

Dica

- Experimente fazer sem os palitos de pirulitos. Os pintinhos ficam muito fofos sem eles. Modele os bombons de bolo na forma de peras e coloque-os em uma tigela com cobertura derretida. Cubra cada um com a cobertura sem movê-los dentro da tigela. Depois levante-os com uma colher, usando as instruções para aplicação da cobertura da página 36.

PARA DECORAR

Coloque os bombons de bolo na geladeira, para resfriá-los.

Derreta a cobertura na tigela plástica seguindo as instruções da embalagem. A cobertura deve preencher cerca de 7,5 cm da tigela para facilitar a aplicação (normalmente, uso cerca de 500 g de cobertura por vez).

Retire alguns bombons da geladeira para aplicar a cobertura.

Mergulhe cerca de 1,5 cm da ponta de um palito de pirulito na cobertura derretida e, em seguida, insira o palito até a metade de um bombom. Mergulhe o cake pop na cobertura, deixando o excesso escorrer, como descrito na página 36.

Deixe os cake pops secarem por completo na base de isopor.

Quando estiverem secos, use um palito de dente para colocar uma pequena quantidade de cobertura na posição do bico e grude uma minigota laranja com a ponta para fora. Use a mesma técnica para grudar duas minigotas amarelas para as asinhas, com as pontas para fora, de cada lado do cake pop, e duas florzinhas laranjas na base, para as patinhas.

Desenhe os olhos com a caneta para decorar alimentos preta e deixe secar por completo na base de isopor.

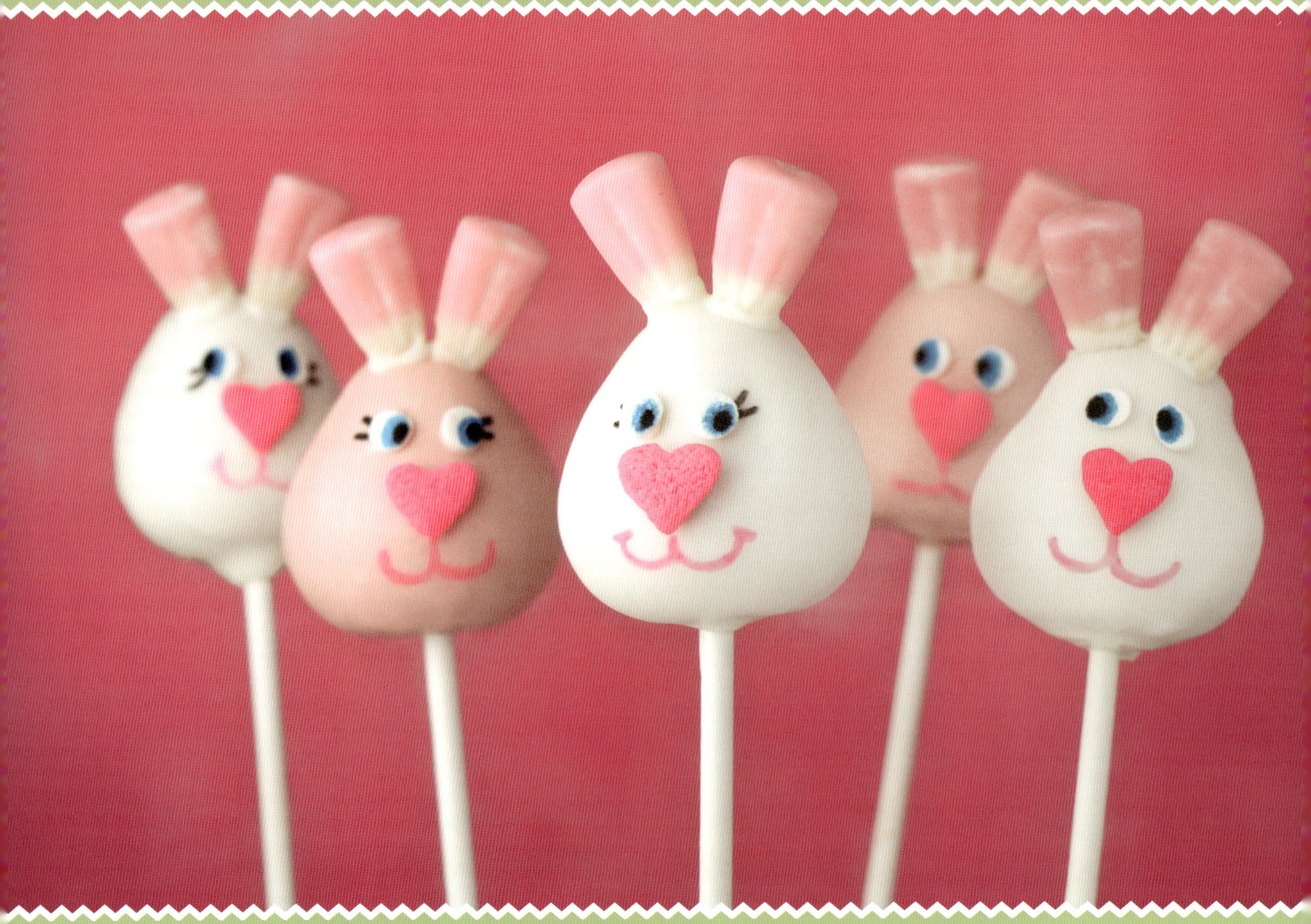

Coelhinhos

VOCÊ PRECISARÁ DE

48 bombons de bolo (p. 11) sem cobertura, moldados em formas triangulares arredondadas

1,5 kg de cobertura cor-de-rosa ou branca

Tigela funda de plástico que possa ir ao micro-ondas

48 palitos de pirulito

Base de isopor

Cortador em formato redondo

96 *pastel candy corn*

Palitos de dente

48 confeitos grandes de coração cor-de-rosa

96 confetes brancos

Caneta para decorar alimentos azul

Caneta para decorar alimentos preta

Caneta para decorar alimentos cor-de-rosa

PARA DECORAR

Coloque os bombons de bolo na geladeira, para resfriá-los.

Derreta a cobertura na tigela plástica seguindo as instruções da embalagem. A cobertura deve preencher cerca de 7,5 cm da tigela para facilitar a aplicação (normalmente, uso cerca de 500 g de cobertura por vez).

Retire alguns bombons da geladeira para aplicar a cobertura.

Mergulhe cerca de 1,5 cm da ponta de um palito de pirulito na cobertura derretida e, em seguida, insira o palito até a metade de um bombom, em sua parte mais larga. Mergulhe o cake pop na cobertura, deixando o excesso escorrer, como descrito na página 36.

Repita todo o procedimento com os outros bombons de bolo.

Para as orelhas, use um cortador com uma borda curva para cortar as pontas do *candy corn*. Molhe as pontas cortadas de cada um na cobertura derretida e grude no topo da cabeça do coelho. Segure as orelhas no lugar por alguns segundos até a cobertura endurecer e depois espete na base de isopor para secar completamente.

Use um palito de dente para colocar um pouquinho de cobertura derretida no lugar do nariz e cole um coração grande cor-de-rosa. Segure no local até ficar firme. Use a mesma técnica para aplicar confetes brancos para os olhos e espere secar.

Desenhe detalhes dos olhos no confete com as canetas para decorar alimentos preta e azul. Desenhe as bocas com a cor-de-rosa. Deixe os cake pops secarem por completo.

Dicas

- Quando for salpicar as bolinhas de açúcar (pérolas de açúcar), trabalhe em cima de uma tigela grande, porque elas irão cair para todo lado. Assim, você pode reutilizar as que caírem na tigela.

- Você também pode usar pérolas moles comestíveis, encontradas em lojas de produtos para bolos, para deixar o cake pop mais macio.

Carneirinhos de açúcar

As bolinhas de açúcar imitando a lã tornam estes carneirinhos ainda mais doces. Mas cuidado para não morder muito forte. As bolinhas de açúcar são crocantes.

VOCÊ PRECISARÁ DE

48 bombons de bolo (p. 11) sem cobertura, moldados em formas ovais

1,5 kg de cobertura branca

Tigela funda de plástico que possa ir ao micro-ondas

48 palitos de pirulito

Base de isopor

Balinhas de alcaçuz de formas variadas (48 "botões" para as cabeças e 96 compridas cortadas ao meio para as pernas)

Bolinhas de açúcar (pérolas de açúcar)

Palitos de dente

48 miniconfeitos de coração cor-de-rosa

96 minigotas de chocolate

PARA DECORAR

Coloque os bombons de bolo na geladeira, para resfriá-los.

Derreta a cobertura branca na tigela plástica seguindo as instruções da embalagem. A cobertura deve preencher cerca de 7,5 cm da tigela para facilitar a aplicação (normalmente, uso cerca de 500 g de cobertura por vez).

Retire alguns bombons da geladeira para aplicar a cobertura.

Mergulhe cerca de 1,5 cm da ponta de um palito de pirulito na cobertura derretida e, em seguida, insira o palito na lateral de um bombom, indo até a metade. Mergulhe o cake pop na cobertura derretida, deixando o excesso escorrer, como descrito na página 36.

Imediatamente coloque um "botão" de alcaçuz na posição da cabeça, quatro pernas na base e salpique as bolinhas de açúcar na cobertura antes de endurecer. Se a cobertura estiver muito quente, os enfeites podem escorregar e sair. Se tiver resfriado por muito tempo, a cobertura vai endurecer antes de você terminar de colocar todos os enfeites. Não se preocupe: se isso acontecer, reaqueça a cobertura e use-a como cola para grudar as peças que faltarem. Deixe os cake pops secarem por completo na base de isopor.

Nas carinhas, use um palito de dente para colocar pontinhos de cobertura branca derretida nos botões de alcaçuz para representarem os olhinhos. Com um palito de dente, aplique um pontinho de cobertura derretida na posição do nariz e cole um coração cor-de-rosa. Use a mesma técnica para aplicar as minigotas de chocolate como orelhas.

Deixe os cake pops secarem por completo na base de isopor.

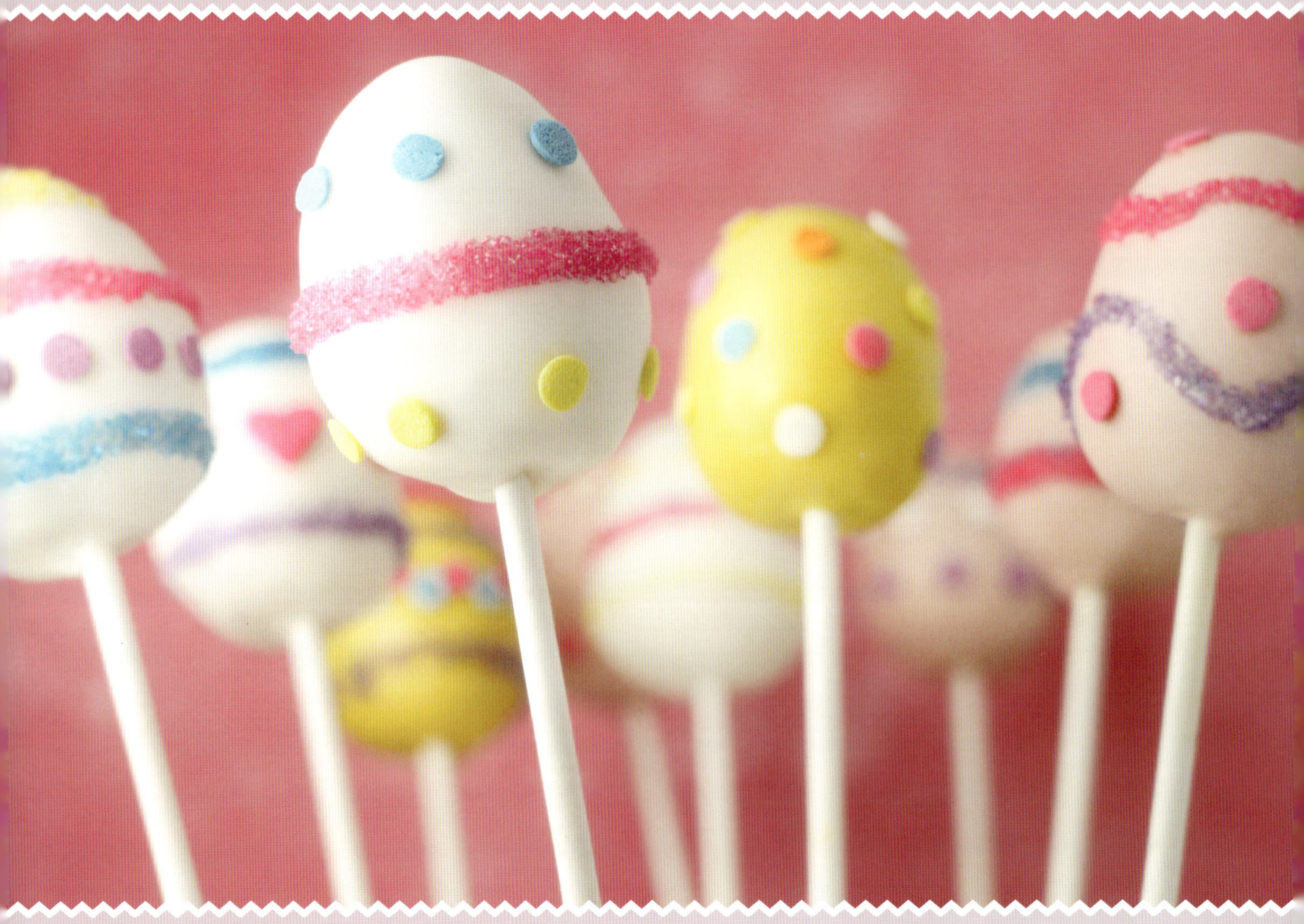

Ovinhos de Páscoa

Nunca foi tão doce cobrir ovinhos de Páscoa. Aplique cobertura de tons pastéis em bombons de bolo em forma de ovos e use xarope de milho para colar enfeites coloridos.

VOCÊ PRECISARÁ DE

48 bombons de bolo (p. 11) sem cobertura, moldados em formas ovais

1,5 kg de cobertura branca, amarela ou cor-de-rosa

Tigela funda de plástico que possa ir ao micro-ondas

48 palitos de pirulito

Base de isopor

Pincel pequeno

Xarope de milho light

Açúcar cristal em várias cores

Tigela grande

Palitos de dente

Confetes em tons pastéis

PARA DECORAR

Coloque os bombons de bolo na geladeira, para resfriá-los.

Derreta a cobertura na tigela plástica seguindo as instruções da embalagem. A cobertura deve preencher cerca de 7,5 cm da tigela para facilitar a aplicação (normalmente, uso cerca de 500 g de cobertura por vez).

Retire alguns bombons da geladeira para aplicar a cobertura.

Mergulhe cerca de 1,5 cm da ponta de um palito de pirulito na cobertura derretida e, em seguida, insira o palito até a metade de um bombom. Mergulhe o cake pop na cobertura, deixando o excesso escorrer, como descrito na página 36.

Repita todo o procedimento com os outros bombons de bolo.

Deixe os cake pops secarem por completo na base de isopor.

Quando estiverem secos, use um pincel pequeno para pintar uma camada fina com xarope de milho, formando uma linha em volta do ovo. Faça uma linha de cada vez. Logo depois de pintar, polvilhe com uma das cores de açúcar cristal até cobrir todo o xarope. Trabalhe em cima de uma tigela grande para reaproveitar o açúcar que cair.

Repita, variando os desenhos e as cores de açúcar cristal.

Use um palito de dente para aplicar pontinhos de cobertura derretida no ovo e cole confetes em desenhos uniformes ou aleatórios.

Deixe os cake pops secarem por completo na base de isopor.

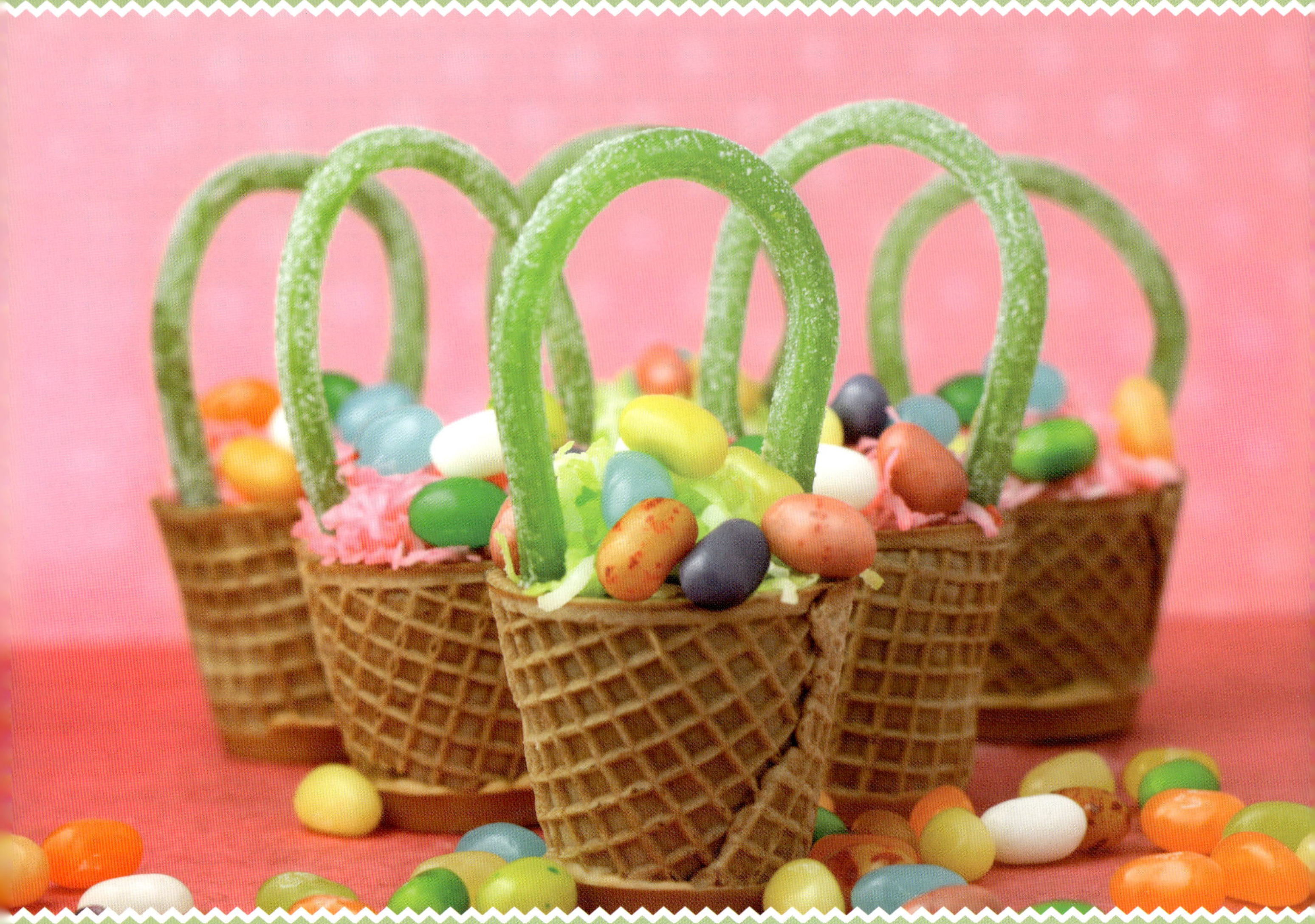

Cestinhas de Páscoa

Use jujubas, coco ralado e casquinhas de sorvete para decorar estas minicestas de Páscoa.

VOCÊ PRECISARÁ DE

48 bombons de bolo (p. 11) sem cobertura

400 g de coco ralado adoçado

2 sacos plásticos grandes com fecho tipo zip lock

Corantes cor-de-rosa e verde

48 casquinhas de sorvete

Faca de serra

500 g de cobertura de pasta de amendoim

2 tigelas fundas de plástico que possam ir ao micro-ondas

Bisnaga

Molde de plástico para doces em formato de disco (com cavidades de 3,5 cm de largura)

Assadeira rasa

1,5 kg de cobertura de chocolate ou baunilha

Colher

48 tubinhos de gelatina cítricos na cor verde

400 g de jujubas em cores variadas

PARA DECORAR

Coloque os bombons de bolo na geladeira, para resfriá-los.

Prepare o coco ralado na noite anterior. Divida o coco nos dois sacos plásticos com fecho tipo zip lock. Coloque algumas gotas de corante cor-de-rosa em um saco e um pouco de corante verde no outro. Feche cada saco e chacoalhe até o corante ser absorvido pelo coco. Se quiser que a cor fique mais escura, adicione mais gotas dos corantes. Deixe secar dentro do saco durante a noite.

Para as cestas, corte os fundos das casquinhas de sorvete usando uma faca de serra e use as partes de cima com 4 a 5 cm de altura.

Para complementar a cor das casquinhas de sorvete, derreta a cobertura de pasta de amendoim em uma tigela de plástico, seguindo as instruções da embalagem, e despeje em uma bisnaga.

Com a bisnaga, preencha uma cavidade do molde com a cobertura de pasta de amendoim. Coloque uma casquinha de sorvete na cavidade. A abertura feita no fundo da casquinha deve se encaixar dentro do disco para criar o fundo da cestinha. Repita a operação com as outras cavidades. Coloque o molde preenchido com a cobertura em uma assadeira para garantir a estabilidade e leve ao congelador por alguns minutos, para deixar a cobertura endurecer.

Tire do congelador e levante as cestinhas do molde puxando cada uma com cuidado. Repita a operação com as outras casquinhas de sorvete.

Coloque a cobertura de chocolate ou baunilha em uma tigela funda de plástico. A cobertura deve preencher cerca de 7,5 cm da tigela para facilitar a aplicação (normalmente, uso cerca de 500 g de cobertura por vez).

(continua)

Retire alguns bombons de bolo da geladeira, para aplicar a cobertura.

Cubra cada bombom com a cobertura derretida, como descrito na página 36, e coloque-o dentro da cestinha com a colher. Não precisa se preocupar com um acabamento perfeito, porque eles vão ficar escondidos pelo coco e pela casquinha.

Para as alças, insira imediatamente as pontas de um tubinho de gelatina na cesta, em cada lado do bombom de bolo, antes que a cobertura seque. Quando secar, a cobertura vai ajudar a manter as alças no lugar.

Coloque um pouco do coco tingido em cima de cada bombom de bolo enquanto a cobertura ainda estiver úmida. Pressione um pouquinho para que o coco grude na cobertura.

Use um pouco de cobertura para colar umas jujubas por cima do coco, como se fossem ovinhos. Deixe secar por completo.

Dicas

- Para acelerar o processo, use mais de um molde de plástico com cavidades em formato de disco.

- Você também pode usar uma bisnaga para adicionar mais cobertura antes de salpicar o coco. Coloque um pouco de cobertura onde os tubinhos estão inseridos, para ajudar a prendê-los.

- Decore no mesmo dia em que for servir. Os tubinhos podem quebrar se ficarem encurvados por muito tempo.

- Guarde os fundos das casquinhas de sorvete para fazer os cake pops da página 67 ou os palhacinhos na próxima página.

Palhacinhos equilibristas

Mostre criatividade com doces e decore carinhas divertidas com expressões variadas.

VOCÊ PRECISARÁ DE

48 bombons de bolo (p. 11) sem cobertura

Faca de serra

48 ou menos casquinhas de sorvete

1,5 kg de cobertura branca

Tigela funda de plástico que possa ir ao micro-ondas

48 palitos de pirulito

96 amendoins praliné

Base de isopor

Palitos de dente

48 M&M's®, de chocolate ou de amendoim, vermelhos

Confeito granulado colorido

Balas de gelatina em formato de aro

Balas mastigáveis *stick* com sabor de frutas

Gotas de chocolate coloridas

Caneta para decorar alimentos preta

PARA DECORAR

Coloque os bombons de bolo na geladeira, para resfriá-los.

Primeiro, prepare os chapéus de palhaço. Com a faca de serra, corte 2,5 cm da ponta de várias casquinhas de sorvete e reserve-as; os topos da casquinha não serão usados. Você não precisa fazer chapéus para todos os palhacinhos. Alguns deles podem ficar sem chapéu.

Derreta a cobertura branca na tigela de plástico, conforme as instruções da embalagem. A cobertura deve preencher cerca de 7,5 cm da tigela para facilitar o processo de imersão do bombom (normalmente, uso cerca de 500 g de cobertura por vez).

Retire uma parte dos bombons da geladeira para aplicar a cobertura.

Mergulhe cerca de 1,5 cm da ponta de um palito de pirulito na cobertura derretida e, em seguida, insira o palito até a metade de um bombom. Mergulhe o cake pop na cobertura derretida, deixando o excesso escorrer, como descrito na página 36.

(continua)

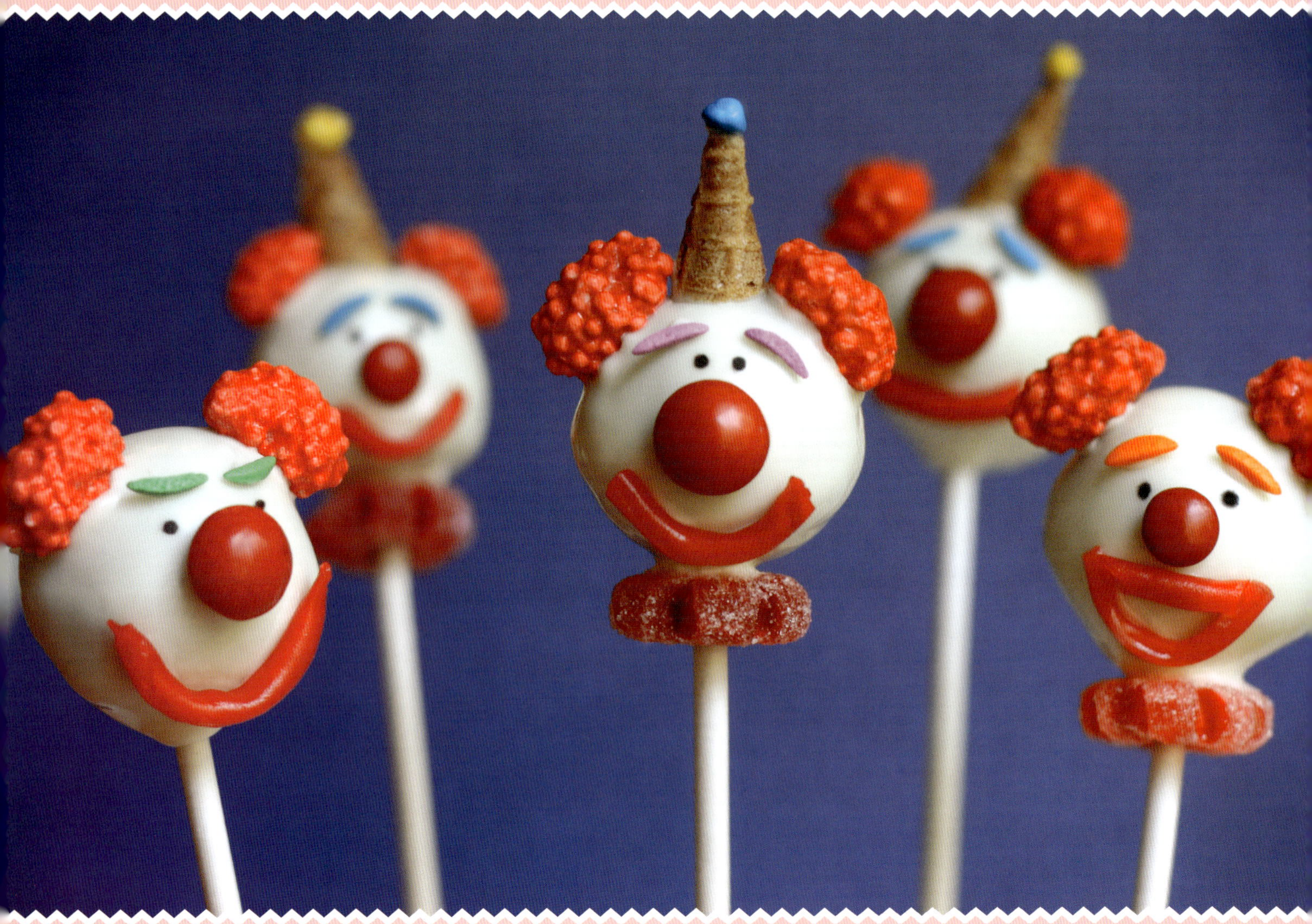

Logo após mergulhar o cake pop, coloque suavemente dois amendoins praliné na posição do cabelo, e coloque a casquinha de sorvete no topo para fazer o chapéu. Aperte levemente por alguns segundos, até que fique grudado. Coloque o cake pop na base de isopor para secar. Repita esse procedimento até que todos os palhacinhos tenham cabelo e todos os chapéus tenham sido usados.

Para o rosto do palhaço, use um palito de dente para aplicar um pouquinho de cobertura derretida na posição do nariz. Em seguida, coloque um M&M® vermelho. Segure até que fique grudado.

Com a mesma técnica, utilize dois confeitos granulados coloridos para fazer a sobrancelha, usando granulados da mesma cor. Em seguida, use uma bala de gelatina em formato de aro para fazer a gola. Deslize-a para cima pelo palito de pirulito e junte-a à cabeça do palhacinho usando mais cobertura derretida. Antes de juntar a bala à cabeça, você pode fazer cortes nela para criar um efeito decorativo.

Para a boca, corte um pedaço de aproximadamente 2,5 cm da bala mastigável *stick* e enrole-o bem firme. Coloque-o no rosto, usando mais cobertura derretida para grudar.

Coloque uma gota de chocolate colorida no topo do chapéu de casquinha de sorvete, usando cobertura derretida para grudar.

Desenhe os olhos com a caneta para decorar alimentos preta e deixe o cake pop secar por completo na base de isopor.

Dicas

- Não faça todos os palhacinhos iguais. Alguns podem ser feitos sem chapéu e sem gola. Outros podem ter nariz de tamanho diferente feito com M&M®, de chocolate ou de amendoim, vermelho. Coloque a sobrancelha e a boca em ângulos diferentes para obter expressões variadas.

- Se desejar, reserve o topo das casquinhas de sorvete para fazer as Cestinhas de páscoa da página 61.

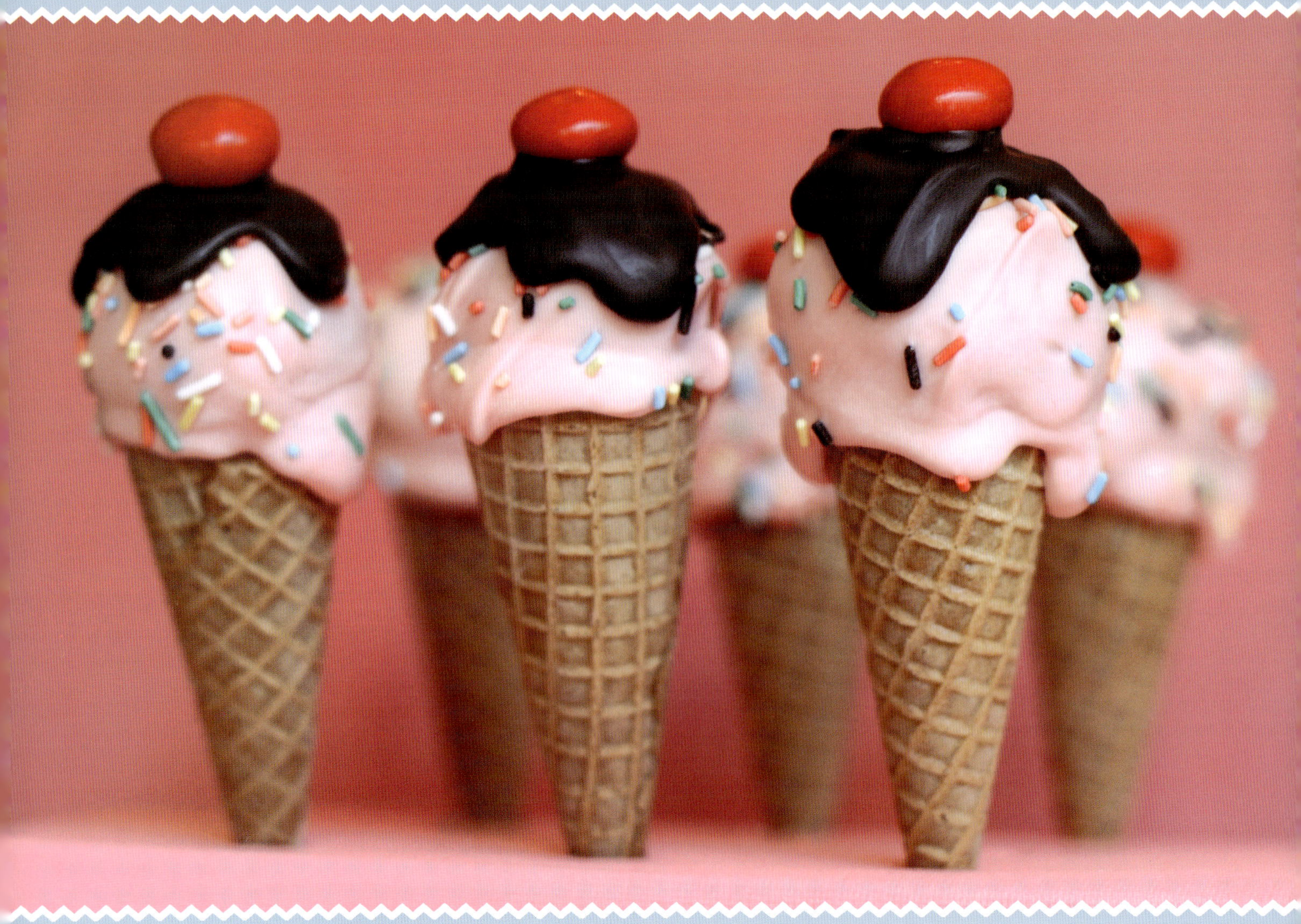

PROJETOS DE CAKE POPS 67

Casquinhas de sorvete

Estas casquinhas de sorvete miniaturas irão causar uma boa impressão.

VOCÊ PRECISARÁ DE

48 bombons de bolo (p. 11) sem cobertura

48 casquinhas de sorvete

Faca de serra

Base de isopor

Vários palitos de pirulito

1,5 kg de cobertura cor-de-rosa

2 tigelas fundas de plástico que possam ir ao micro-ondas

Confeito granulado colorido

1,5 kg de cobertura de chocolate meio amargo

Colher

48 M&M's® de amendoim vermelhos

PARA DECORAR

Coloque os bombons de bolo na geladeira, para resfriá-los.

Corte o topo das casquinhas de sorvete, de modo que a largura da abertura seja de aproximadamente 3 cm.

Prepare a base de isopor. Como serão utilizados formatos de cone, será preciso fazer furos grandes no isopor para apoiá-los. Pegue um palito de pirulito, insira-o em um ângulo e depois trabalhe-o fazendo um movimento circular no isopor até obter uma abertura semelhante à ponta das casquinhas.

Derreta a cobertura cor-de-rosa na tigela de plástico, conforme as instruções da embalagem. A cobertura deve preencher cerca de 7,5 cm da tigela (normalmente, uso cerca de 500 g de cobertura por vez).

Retire uma parte dos bombons da geladeira para cobri-los com a cobertura.

Um por vez, cubra os bombons com a cobertura derretida, como descrito na página 36. Em seguida, insira o palito de pirulito no bombom para poder segurá-lo. Transfira-o com a cobertura para a casquinha de sorvete preparada, depois remova o palito. Não se preocupe com o excesso de cobertura ou com o furo deixado pelo palito.

(continua)

Deixe o bombom descansar na abertura da casquinha de sorvete, e o excesso de cobertura deixará o visual melhor à medida que escorrega pela casquinha. Se os bombons não se encaixarem perfeitamente na casquinha, faça um corte menor na abertura, ou então faça bombons maiores. Decore com granulado colorido enquanto a cobertura cor-de-rosa ainda está úmida.

Deixe as casquinhas secarem por completo na base de isopor.

Derreta a cobertura de chocolate meio amargo na outra tigela de plástico. Com a colher, coloque um pouquinho da cobertura no topo da casquinha de sorvete. Coloque um M&M® de amendoim vermelho sobre a casquinha, antes que a cobertura seque. Depois, coloque de volta na base de isopor para secar.

Dicas

- Se desejar, reserve os topos das casquinhas de sorvete que não foram usados para fazer as Cestas de páscoa da página 61.

- Como variação, coloque um bombom com cobertura sobre um papel-manteiga, adicione granulado e coloque a casquinha em um ângulo no topo dele; parecerá um engano divertido.

Cupcake pops de chocolate

Todo mundo gosta de um cupcake de chocolate, mas para criar um efeito ainda mais divertido, faça espirais no topo para dar um toque decorativo. E vá além do chocolate; os cupcakes podem ser feitos com qualquer cor de cobertura.

VOCÊ PRECISARÁ DE

48 cupcake pops (p. 19) sem cobertura

1,5 kg de cobertura de chocolate

2 tigelas fundas de plástico que possam ir ao micro-ondas

Pano de prato

Papel-manteiga

2 assadeiras rasas

48 palitos de pirulito

Base de isopor

Palitos de dente

500 g de cobertura branca

Bisnaga pequena

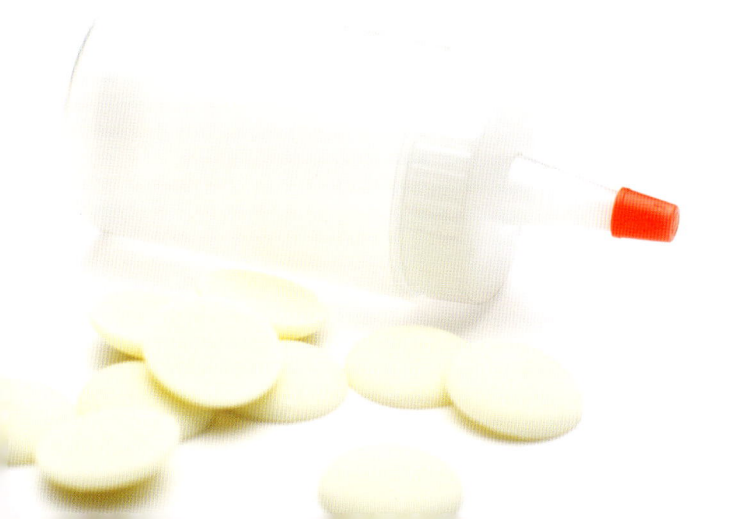

PARA DECORAR

Coloque os cupcakes na geladeira, para resfriá-los.

Derreta a cobertura de chocolate preto na tigela de plástico, conforme as instruções da embalagem. A cobertura deve preencher cerca de 7,5 cm da tigela para facilitar o processo de imersão do cupcake (normalmente, uso cerca de 500 g de cobertura por vez).

Retire uma parte dos cupcakes da geladeira para aplicar a cobertura.

Pegue um cupcake por vez, segurando-o pelo topo, e mergulhe a base na cobertura derretida – até atingir o começo da parte mais larga do cupcake. Retire da cobertura, vire de cabeça para baixo e faça um movimento de espiral com a mão. Isso fará com que o excesso de cobertura escorra lentamente. Quando a cobertura atingir a base do topo mais largo do cupcake, é o momento de parar. Use o pano de prato para limpar a mão, já que um pouco de cobertura pode escorrer pelos dedos. Não lave as mãos com água, pois se a água cair na cobertura, pode inutilizá-la.

Coloque o cupcake coberto parcialmente nas assadeiras forradas com papel-manteiga, deixando a parte com cobertura para cima. Imediatamente mergulhe cerca de 1,5 cm da ponta de um palito de pirulito na cobertura de chocolate, e insira o palito diretamente na base plana com cobertura do cupcake, enquanto a cobertura ainda está úmida. Insira até a metade do cupcake.

Repita o procedimento com todos os cupcakes, e então deixe que sequem por completo na base de isopor.

(continua)

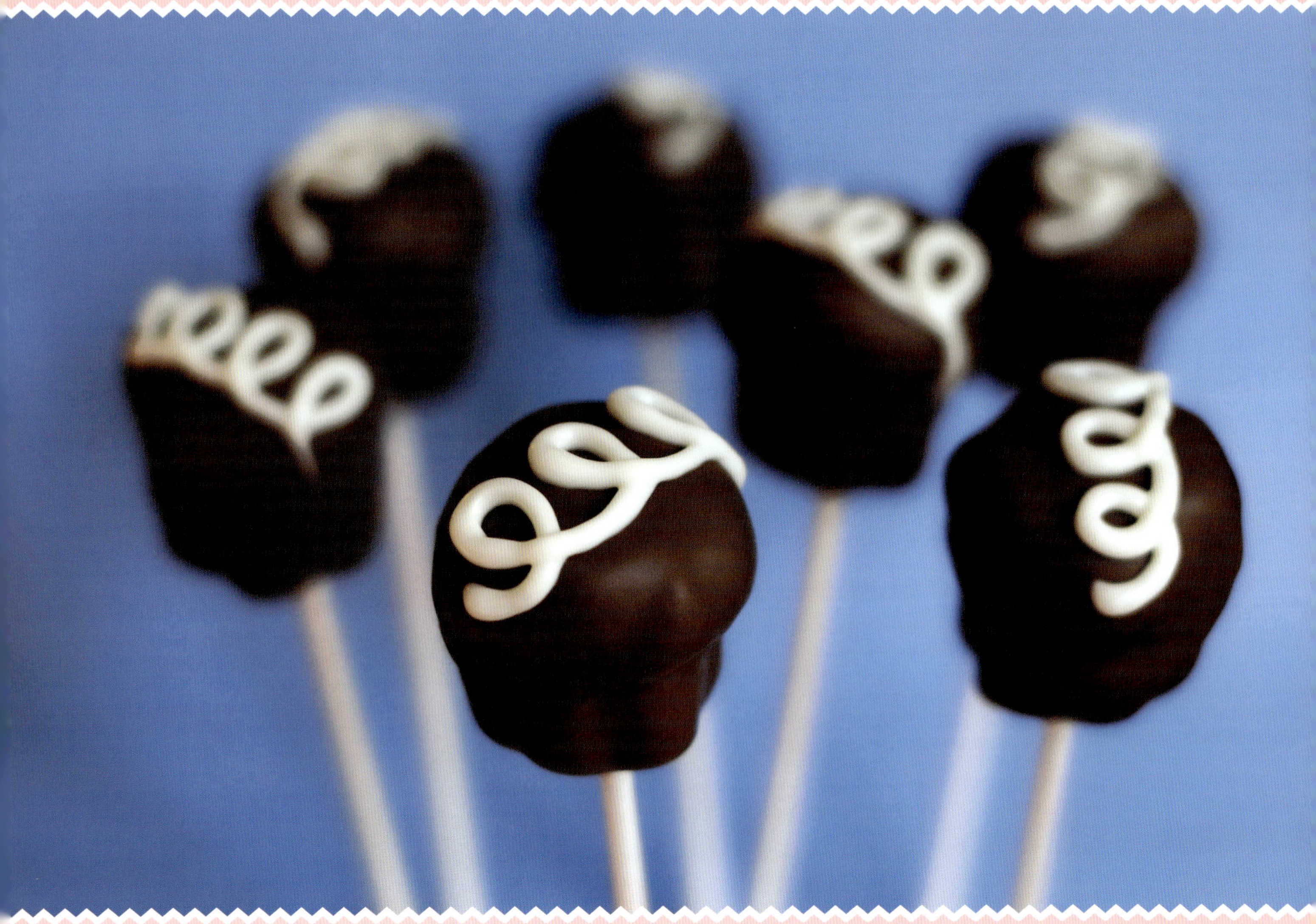

Agora, você precisa decorar o topo, para finalizar o cupcake pop.

Segurando o palito de pirulito, mergulhe o topo do cupcake na cobertura derretida. Cubra o restante do cupcake até atingir a primeira cobertura.

Remova o cupcake pop da cobertura e deixe-o virado para cima. Se o chocolate estiver muito quente, começará a pingar nas laterais. Se isso acontecer, deixe a cobertura de lado por alguns minutos, até engrossar. Assim, quando você mergulhar os próximos cupcakes, ela não irá pingar. Use um palito de dente para alcançar as áreas que o chocolate não cobrir.

Deixe os cupcake pops secarem por completo na base de isopor.

Derreta a cobertura branca na outra tigela, e coloque-a na bisnaga. Faça espirais brancos no topo de cada cupcake pop para decorar e deixe secar.

Dicas

- Você pode fazer esse projeto usando cores pastéis para criar um visual totalmente diferente.

- Você pode mergulhar todo o cupcake na cobertura de chocolate em vez de usar o método de duas etapas; entretanto, o topo dos cupcakes não ficará tão bem definido.

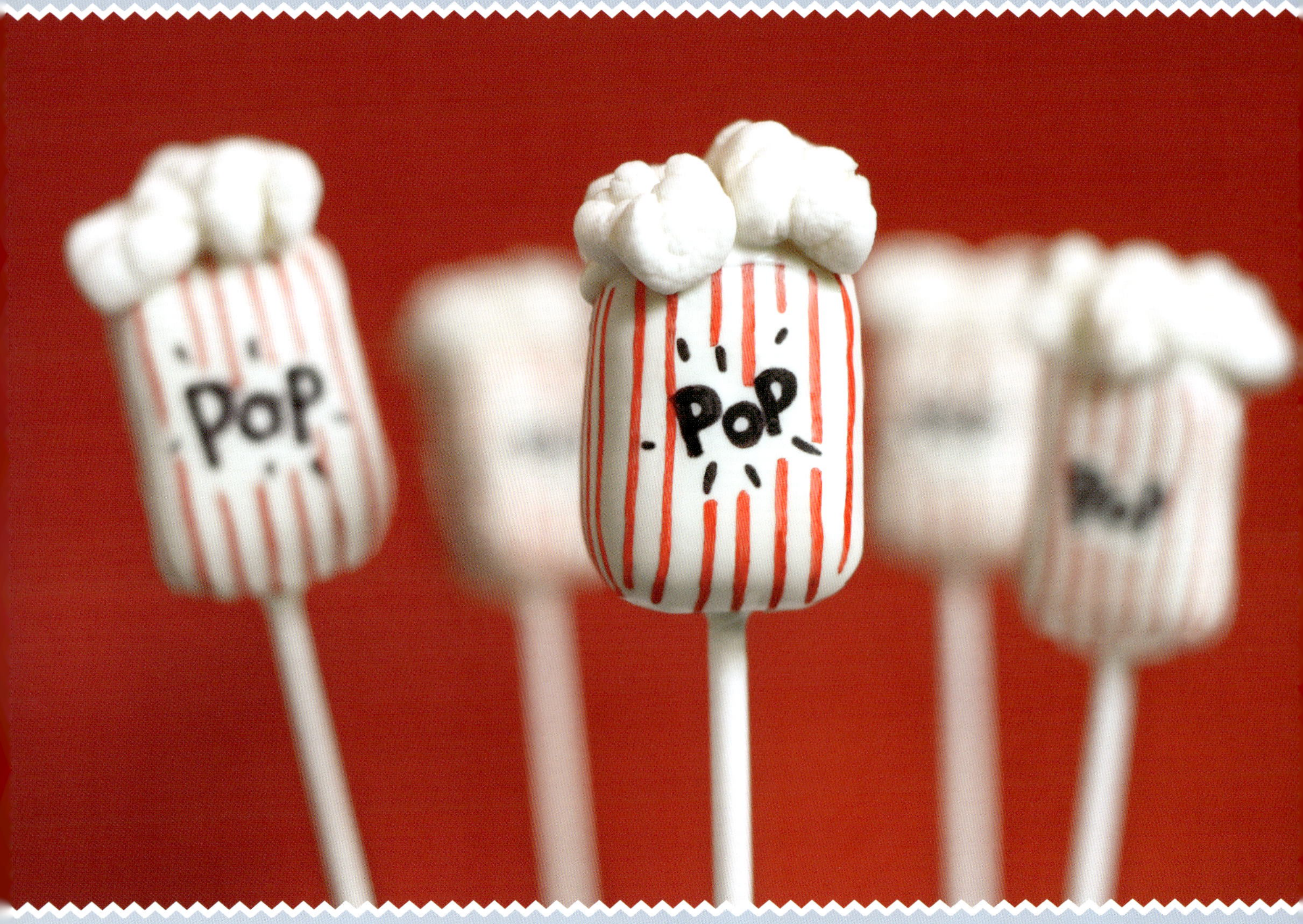
POP
POP

Saquinhos de pipoca

Torne qualquer sessão de cinema uma experiência encantadora com estes cake pops.

VOCÊ PRECISARÁ DE

48 bombons de bolo (p. 11) sem cobertura

1,5 kg de cobertura branca

Tigela funda de plástico que possa ir ao micro-ondas

48 palitos de pirulito

Base de isopor

Faca pequena afiada

144 minimarshmallows

Caneta para decorar alimentos preta

Caneta para decorar alimentos vermelha

PARA DECORAR

Retire os bombons de bolo da geladeira e molde-os em formato retangular, semelhante a saquinhos de pipoca.

Depois de moldá-los, coloque-os no congelador por cerca de 15 minutos, até que fiquem firmes para serem mergulhados na cobertura. Quando estiverem firmes, transfira-os para a geladeira.

Derreta a cobertura branca na tigela de plástico, conforme as instruções da embalagem. A cobertura deve preencher cerca de 7,5 cm da tigela para facilitar o processo de imersão do bombom (normalmente, uso cerca de 500 g de cobertura por vez).

Retire uma parte dos bombons da geladeira para aplicar a cobertura.

Mergulhe cerca de 1,5 cm da ponta de um palito de pirulito na cobertura derretida, e insira o palito até a metade do bombom retangular.

Mergulhe o cake pop na cobertura derretida, deixando o excesso escorrer, como descrito na página 36. Deixe secar na base de isopor.

Prepare a pipoca. Use a faca afiada para fazer duas ou três marcas diagonais em cada minimarshmallow. Não corte o marshmallow por inteiro.

Quando os cake pops estiverem secos, mergulhe o topo novamente na cobertura derretida. Segure-os com o topo para cima e coloque três minimarshmallows em cada. Os marshmallows ficarão aderidos à cobertura mais rapidamente se ela não estiver muito quente.

Repita o procedimento com todos os cake pops, depois deixe que sequem completamente na base de isopor.

Escreva "POP" (ou "pipoca") na frente de cada pirulito com a caneta para decorar alimentos preta.

Desenhe linhas verticais em cada saquinho com a caneta para decorar alimentos vermelha.

Coloque-os de volta na base de isopor para que a tinta seque por completo.

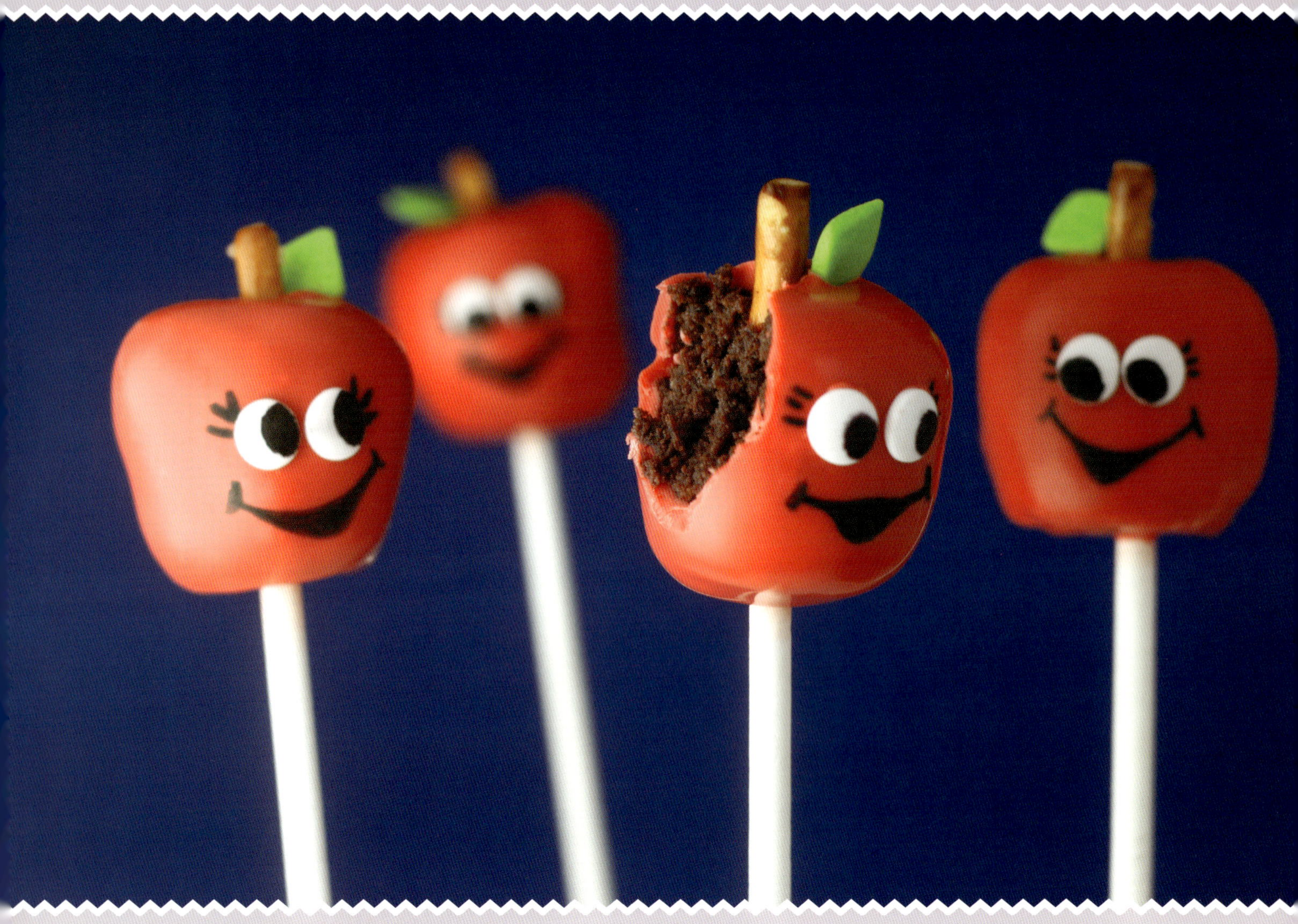

Maçãzinhas

Estes cake pops são pequenos deleites para professores, para o primeiro dia de aula ou apenas para diversão. Você pode fazê-los simples ou com confeitos e detalhes de tinta comestível para personalizá-los.

VOCÊ PRECISARÁ DE

48 bombons de bolo (p. 11) sem cobertura

Papel-manteiga

Assadeira rasa

1,5 kg de cobertura vermelha

Tigela funda de plástico que possa ir ao micro-ondas

48 palitos de pirulito

24 pretzels em palitinhos (Stiksy®), quebrados em pedaços de 1,5 cm

48 confeitos de chocolate verdes em forma de losango ou qualquer outro confeito verde semelhante

Base de isopor

Palitos de dente

96 confetes brancos

Caneta para decorar alimentos preta

PARA DECORAR

Remodele os bombons de bolo de forma que fiquem um pouco mais largos na parte de cima. Com os dedos, você pode pressionar o bolinho para baixo, no topo, e para cima, na base, criando depressões sutis, para dar o formato de maçã.

Coloque os bombons em formato de maçã na assadeira forrada com papel-manteiga, e leve-os ao congelador por cerca de 15 minutos, até que eles fiquem firmes o bastante para serem mergulhados na cobertura. Quando estiverem firmes, transfira-os para a geladeira.

Derreta a cobertura vermelha na tigela de plástico, conforme as instruções da embalagem. A cobertura deve preencher cerca de 7,5 cm da tigela para facilitar o processo de imersão do bombom (normalmente, uso cerca de 500 g de cobertura por vez).

Retire uma parte dos bombons da geladeira para aplicar a cobertura.

Mergulhe cerca de 1,5 cm da ponta de um palito de pirulito na cobertura derretida, e insira o palito na base do bombom, até a sua metade. Mergulhe o cake pop na cobertura derretida, deixando o excesso escorrer, conforme descrito na página 36.

Enquanto a cobertura ainda está úmida, insira um pedaço do pretzel em palitinhos no topo do cake pop, para fazer o cabinho da maçã. Em seguida, insira um confeito verde para fazer a folhinha. Coloque na base de isopor para secar. Repita o procedimento até que todos os cake pops tenham o cabinho e a folhinha.

Assim que os cake pops secarem, use um palito de dente para colocar um pouquinho de cobertura derretida na posição dos olhos. Depois, adicione dois confetes brancos. Coloque na base de isopor para secar por completo.

Desenhe os detalhes da face, como pupilas, cílios e um bonito sorriso, usando a caneta para decorar alimentos preta.

Coloque na base de isopor para secar.

Dica

- Em vez de colocar as bolinhas de açúcar, você pode usar uma caneta para decorar alimentos preta para desenhar as sementes dos morangos, quando estiverem secos.

Moranguinhos

Estes cake pops podem ser usados em qualquer ocasião para alegrar o dia de alguém especial.

VOCÊ PRECISARÁ DE

48 bombons de bolo (p. 11) sem cobertura, moldados em formato triangular arredondado

1,5 kg de cobertura vermelha

2 tigelas fundas de plástico que possam ir ao micro-ondas

48 palitos de pirulito

Bolinhas de açúcar brancas

Base de isopor

500 g de cobertura verde-escura

Bisnaga grande

Papel-manteiga

Assadeira rasa

Palitos de dente

Tubinhos de gelatina cítricos verdes (opcional)

PARA DECORAR

Coloque os bombons de bolo na geladeira, para resfriá-los.

Derreta a cobertura vermelha na tigela de plástico, conforme as instruções da embalagem. A cobertura deve preencher cerca de 7,5 cm da tigela para facilitar o processo de imersão do bombom (normalmente, uso cerca de 500 g de cobertura por vez).

Retire uma parte dos bombons da geladeira para aplicar a cobertura.

Mergulhe cerca de 1,5 cm da ponta de um palito de pirulito na cobertura derretida, e insira o palito na base do bombom, até a sua metade. Mergulhe o cake pop na cobertura derretida, deixando o excesso escorrer, conforme descrito na página 36.

Imediatamente, coloque as bolinhas de açúcar na superfície do morango. Em seguida, coloque os cake pops na base de isopor para secar. Repita o procedimento com todos os cake pops.

Derreta a cobertura verde-escura na outra tigela de plástico, e coloque-a na bisnaga grande. Desenhe formatos de flor com cinco pétalas redondas na assadeira forrada com papel-manteiga para as 48 folhas de morango. Preencha as formas com mais cobertura e deixe-as secar. Você pode colocar a assadeira no congelador para acelerar o tempo de secagem, ou até mesmo preparar as folhas na noite anterior.

Reaqueça a cobertura verde restante e, com um palito de dente, aplique um pouquinho de cobertura no topo do morango. Coloque uma folha de cada vez no topo dos morangos, com a parte plana virada para cima. Deixe secar na base de isopor.

Opcional: corte os tubinhos de gelatina em 48 pedaços de aproximadamente 1 cm. Mergulhe uma das pontas em um pouquinho de cobertura e insira-o no meio da folha. Deixe secar por completo.

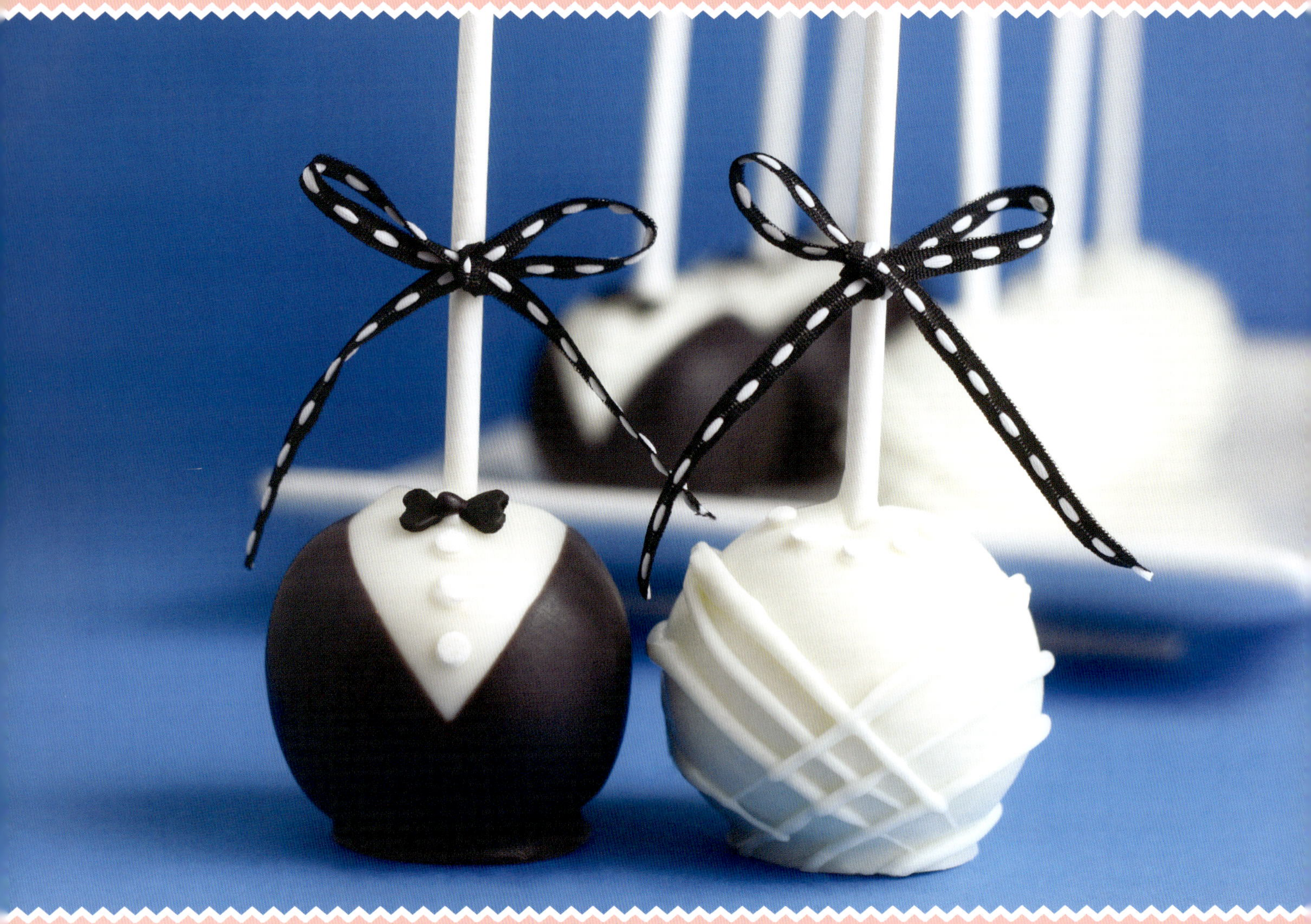

Noivinhos

~ Estes docinhos de casamento caseiros irão impressionar qualquer convidado.

VOCÊ PRECISARÁ DE

48 bombons de bolo (p. 11) sem cobertura

2 a 2,5 kg de cobertura branca

Tigela funda de plástico que possa ir ao micro-ondas

48 palitos de pirulito

Base de isopor

Papel-manteiga

2 assadeiras rasas

Bisnaga grande

Corante para cobertura preto

Palitos de dente

192 miniconfetes brancos

48 miniconfeitos de coração pretos

PARA DECORAR

Coloque os bombons de bolo na geladeira, para resfriá-los.

Derreta a cobertura branca na tigela de plástico, conforme as instruções da embalagem. A cobertura deve preencher cerca de 7,5 cm da tigela para facilitar o processo de imersão dos bombons (normalmente, uso cerca de 500 g de cobertura por vez).

Retire uma parte dos bombons da geladeira para aplicar a cobertura.

Mergulhe cerca de 1,5 cm da ponta de um palito de pirulito na cobertura derretida, e insira o palito até a metade do bombom. Mergulhe o cake pop na cobertura derretida, deixando o excesso escorrer, conforme descrito na página 36.

Para os noivinhos, coloque metade dos cake pops na base de isopor para secar; eles terão de ser mergulhados novamente na cobertura.

Para as noivinhas, coloque o restante dos cake pops já com a cobertura na assadeira forrada com papel-manteiga, com o lado redondo voltado para cima. Deixe secar por completo.

Transfira um terço da cobertura branca restante para a bisnaga grande. Desenhe o vestido da noiva, fazendo linhas em direções opostas no cake pop (como mostra a foto). Deixe sobre o papel-manteiga para secar.

Misture o corante para cobertura preto nos dois terços restantes da cobertura. Adicione corante até atingir um tom forte de preto. Em seguida, mergulhe os cake pops de noivinhos na cobertura preta, segurando o palito em direção diagonal e mergulhando o cake pop na cobertura até a metade. Retire e mergulhe o outro lado na direção diagonal oposta para formar um paletó preto em forma de "V". Coloque-os, com o lado redondo voltado para cima, na assadeira forrada com papel-manteiga. Deixe os noivinhos e as noivinhas secarem por completo.

Quando os cake pops estiverem secos, use um palito de dente para aplicar um pouquinho de cobertura branca derretida na posição do colar da noiva e dos botões da roupa do noivo. Adicione os miniconfetes brancos. Use a mesma técnica para inserir dois miniconfeitos de coração pretos na posição da gravata-borboleta do noivo. As pontas dos corações devem estar voltadas uma para a outra, ao serem unidas.

Use um pouco da cobertura preta para finalizar a gravata-borboleta. Para isso, mergulhe um palito de dente na cobertura e aplique um pouquinho na junção das pontas dos confeitos de coração. Deixe os noivinhos secarem por completo.

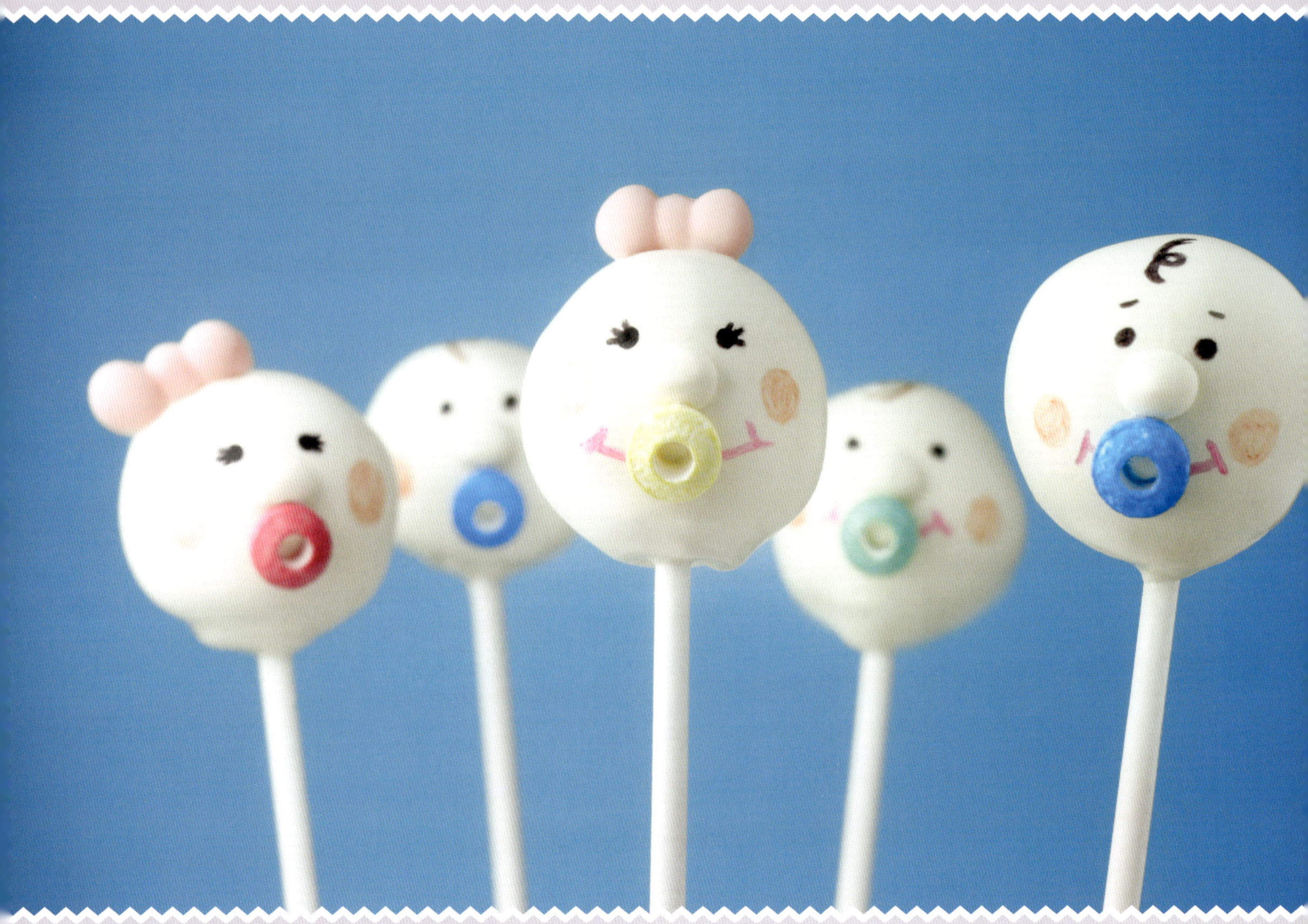

Carinhas de bebê

Estes cake pops são ideais para um chá de bebê. As convidadas ficarão encantadas ao verem estas carinhas.

VOCÊ PRECISARÁ DE

48 bombons de bolo (p. 11) sem cobertura

125 a 250 g de cobertura cor-de-rosa

2 tigelas fundas de plástico que possam ir ao micro-ondas

2 bisnagas pequenas

Papel-manteiga

Assadeira rasa

1,5 kg de cobertura branca

48 palitos de pirulito

Base de isopor

Palitos de dente

48 pastilhas com furo no meio (de um colar de balas) em tons pastéis

Canetas para decorar alimentos nas cores preta, cor-de-rosa, salmão e marrom

PARA DECORAR

Coloque os bombons de bolo na geladeira, para resfriá-los.

Os bombons podem ser feitos na noite anterior. Derreta a cobertura cor-de-rosa na tigela de plástico, conforme as instruções da embalagem, e coloque-a em uma das bisnagas. Faça duas bolinhas pequenas com a cobertura derretida. Coloque-as lado a lado na assadeira forrada com papel-manteiga. Em seguida, desenhe uma bolinha menor entre as outras duas, sobrepondo-a às outras para fazer o laço. Decida quantas meninas você irá fazer, e repita o procedimento até que haja um lacinho para cada uma delas. Deixe secar por completo.

Derreta a cobertura branca na tigela de plástico, conforme as instruções da embalagem. A cobertura deve preencher cerca de 7,5 cm da tigela para facilitar o processo de imersão dos bombons (normalmente, uso cerca de 500 g de cobertura por vez).

Retire uma parte dos bombons da geladeira para aplicar a cobertura.

Mergulhe cerca de 1,5 cm da ponta de um palito de pirulito na cobertura derretida, e insira o palito até a metade do bombom. Mergulhe o cake pop na cobertura derretida, deixando o excesso escorrer, conforme descrito na página 36.

Para os meninos, coloque os cake pops na base de isopor para secar.

Para as meninas, coloque um lacinho cor-de-rosa no topo de cada cabeça enquanto a cobertura ainda está úmida. Aperte levemente por alguns segundos, até que o laço permaneça grudado. Coloque na base de isopor para secar.

Para o nariz, coloque a cobertura branca restante na outra bisnaga. Desenhe pequenos formatos ovais no papel-manteiga e deixe secar. Você pode colocá-los no congelador dentro de uma assadeira rasa por alguns minutos para acelerar a secagem.

Quando secos, use um palito de dente para aplicar um pouco da cobertura derretida na posição do nariz, e então coloque o nariz. Use a mesma técnica para colocar uma pastilha na posição da chupeta.

Use as canetas para decorar alimentos para desenhar as características da face, depois deixe secar. Cílios, sobrancelhas, sorrisos e bochechas coradas darão personalidade às carinhas.

Deixe secar por completo.

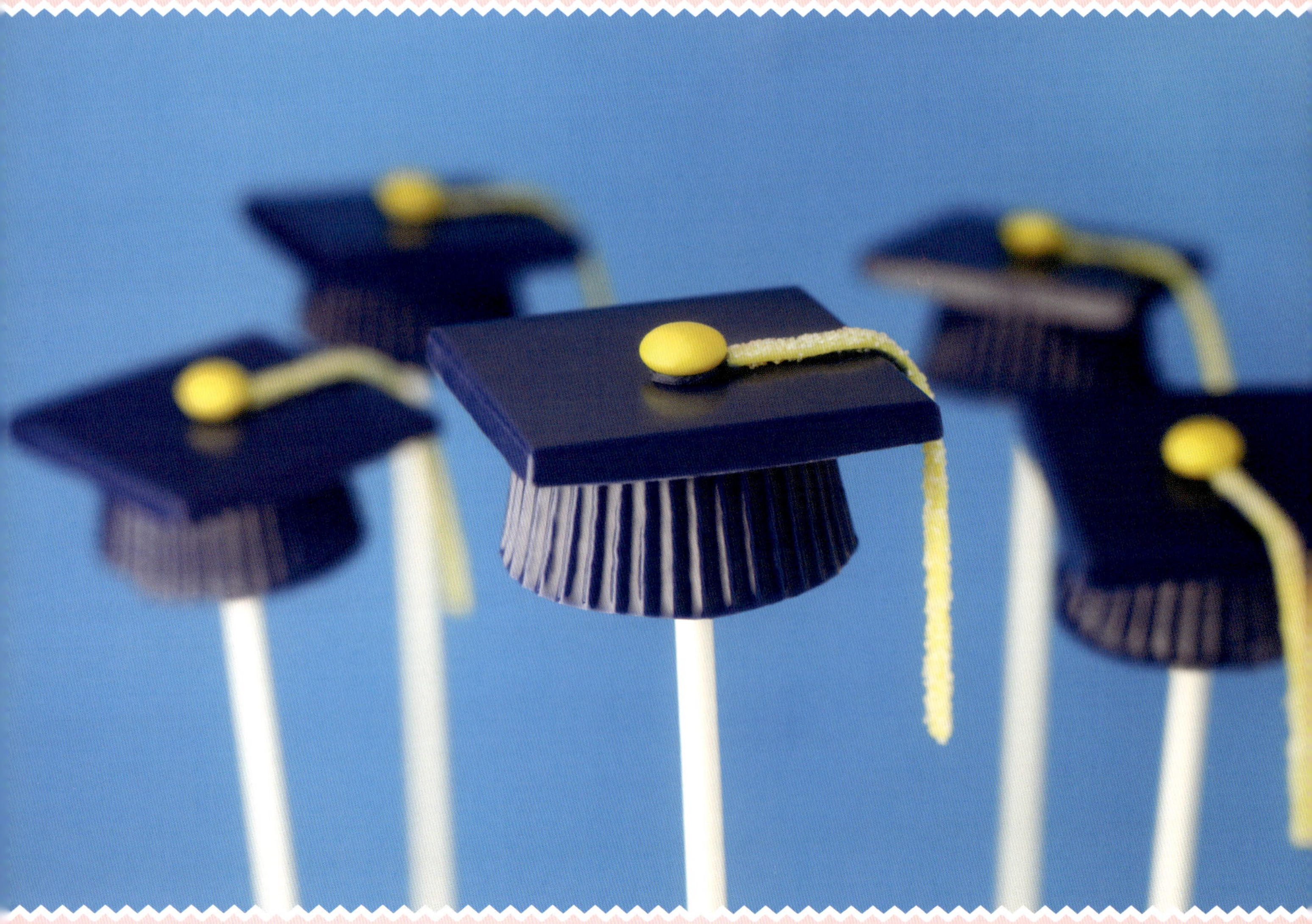

Festa de formatura

Além de fazer os minicupcakes tradicionais, você pode usar formas para cupcake para fazer outros desenhos, como estes capelos de formatura. Tente usar coberturas com as cores da escola e torne o momento ainda mais especial.

VOCÊ PRECISARÁ DE

48 bombons de bolo (p. 11) sem cobertura

2 a 2,5 kg de cobertura da cor que desejar

Tigela funda de plástico que possa ir ao micro-ondas

Bisnaga grande

Molde de plástico de forminha de cupcake tamanho médio (com cavidades de 3,5 cm)

48 palitos de pirulito

Assadeira rasa

Base de isopor

Molde de plástico em formato quadrado e raso (com cavidades de 5 cm)

Palitos de dente

Bala de gelatina *stick* arco-íris, separada por cores e cortada em pedaços de 5 cm de comprimento

Mini M&M's® ou outro confeito semelhante para o topo dos cupcakes

PARA DECORAR

Coloque os bombons de bolo na geladeira, para resfriá-los. Confira o método "Receita básica de minicupcakes" na página 25 para fazer estes capelos de formatura.

Derreta a cobertura na tigela de plástico, conforme as instruções da embalagem, e coloque-a na bisnaga.

Preencha uma cavidade do molde de cupcake com a cobertura derretida e, em seguida, coloque um bombom de bolo na cavidade. Pressione suavemente para baixo, de forma que a cobertura se espalhe pelo molde. O topo do bombom deve estar nivelado com a superfície do molde. Em outras palavras, o bombom não deve ultrapassar a cavidade do molde. Se os bombons forem muito grandes, você pode diminuí-los removendo um pouquinho do bolo e enrolando-os novamente. Você também pode moldá-los no formato da cavidade do molde para aproveitar melhor o espaço.

Use a bisnaga para aplicar mais cobertura no topo do bombom. A cobertura deve ficar nivelada com a superfície do molde de plástico. Imediatamente, insira um palito de pirulito até a metade do bombom. Repita o procedimento nas outras cavidades e deixe secar. Se desejar, coloque o molde preenchido dentro de uma assadeira no congelador para acelerar o tempo de secagem. Remova após 5 a 10 minutos, e desenforme-os pressionando o molde por baixo. Usar bombons frios ajuda o palito a ficar em pé assim que é inserido, mas tome cuidado para não puxá-los pelo palito quando estiverem secos.

(continua)

Repita o procedimento usando o mesmo molde, ou use vários moldes ao mesmo tempo. Deixe os cake pops secarem na base de isopor.

Prepare o topo dos capelos, usando um molde de cavidades quadradas e rasas. Preencha os quadrados com cobertura. Segure o molde sobre a superfície de uma bancada, com as cavidades voltadas para baixo, e bata-o gentilmente contra a bancada algumas vezes para nivelar a cobertura. Coloque o molde dentro de uma assadeira no congelador para acelerar o tempo de secagem. Remova após 5 minutos, solte os quadrados dos moldes e reserve-os.

Quando todos os quadrados do capelo estiverem completos e secos, você pode finalizá-lo. Usando um palito de dente, aplique um pouco de cobertura na parte de baixo de cada quadrado e junte-o ao cake pop. Usando a mesma técnica, aplique um pouco de cobertura no topo do capelo e coloque uma tira da bala de gelatina e um mini M&M® no centro.

Deixe secar por completo na base de isopor.

Dica

- O alcaçuz é uma alternativa à bala de gelatina *stick* para usar no capelo.

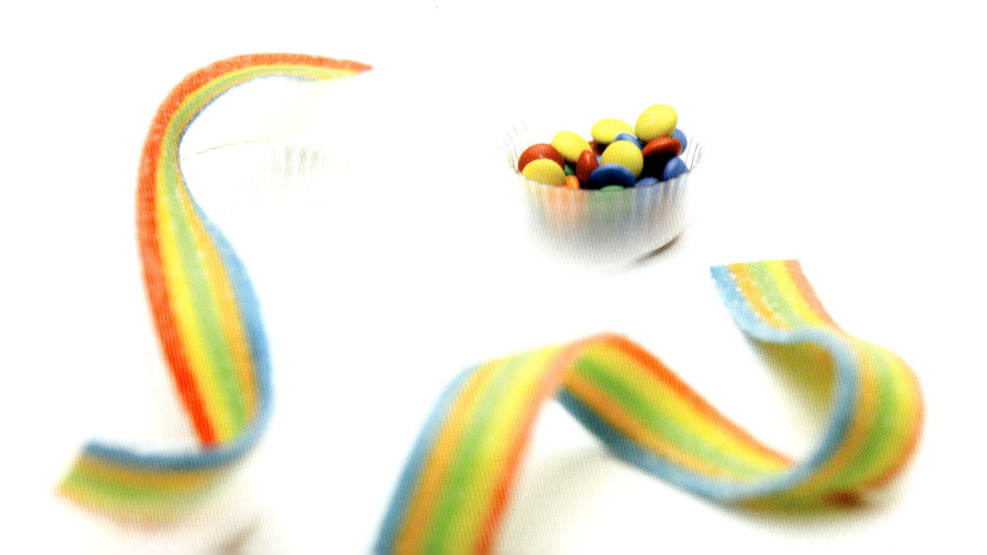

Festa na piscina

Estes cupcake pops são perfeitos para festas na piscina ou com temas de praia.

VOCÊ PRECISARÁ DE

48 cupcake pops (p. 19) sem cobertura

48 biscoitinhos com formato de urso

Bisnaga de cobertura cor-de-rosa para escrever

Bisnaga de cobertura amarela para escrever

Caneta para decorar alimentos preta

48 balas de gelatina em formato de aro

1,5 kg de cobertura azul-clara

Tigela funda de plástico que possa ir ao micro-ondas

Papel-manteiga

Assadeira rasa

48 palitos de pirulito

Base de isopor

Palitos de dente

Açúcar cristal azul

PARA DECORAR

Coloque os bombons de bolo na geladeira, para resfriá-los.

Primeiro, use as bisnagas de cobertura para desenhar biquínis cor-de-rosa nas ursinhas e sungas amarelas nos ursinhos. Deixe secar. Use a caneta para decorar alimentos preta para fazer os detalhes da face.

Estique as balas de gelatina, coloque-as ao redor das patas de todos os ursinhos e reserve.

Derreta a cobertura azul-clara na tigela de plástico, conforme as instruções da embalagem. A cobertura deve preencher cerca de 7,5 cm da tigela para facilitar o processo de imersão dos bombons (normalmente, uso cerca de 500 g de cobertura por vez).

Retire uma parte dos bombons da geladeira para aplicar a cobertura.

Pegue um cupcake e, segurando-o pelo topo, que é a parte mais grossa, mergulhe a base na cobertura derretida. Remova da cobertura, vire de cabeça para baixo e faça um movimento circular com a mão. Isso fará com que o excesso de cobertura escorra lentamente. Quando a cobertura atingir o topo do cupcake, é o momento de parar.

Coloque o cupcake parcialmente coberto na assadeira forrada com papel-manteiga, com a parte da cobertura virada para cima. Imediatamente, mergulhe cerca de 1,5 cm da ponta de um palito de pirulito na cobertura derretida, e insira o palito na base coberta do cupcake, até a metade, enquanto a cobertura ainda está úmida.

(continua)

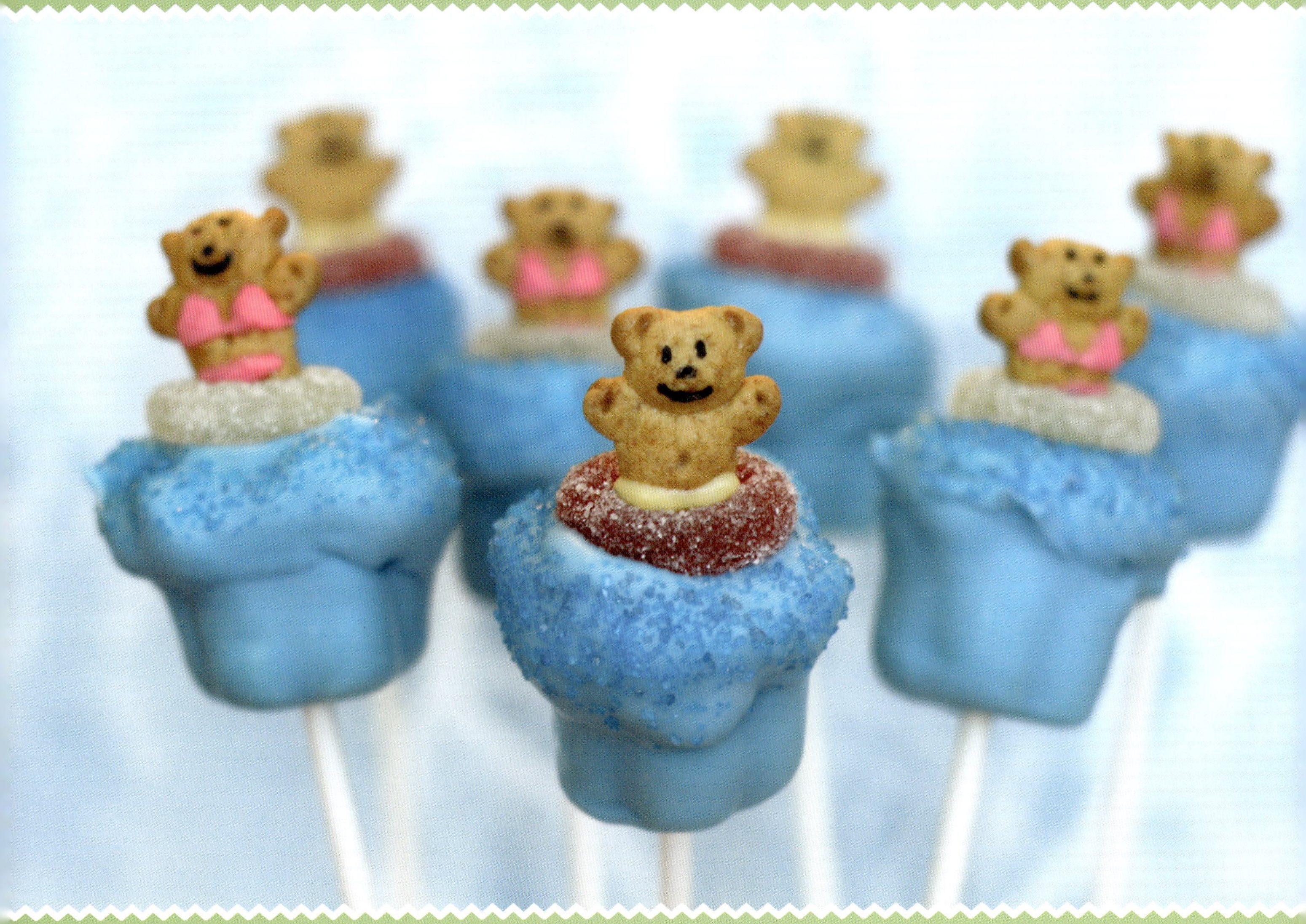

Repita o procedimento com o restante dos cupcake pops e deixe que sequem por completo.

Agora você irá decorar o topo, para finalizar o cupcake pop.

Segure o palito de pirulito e mergulhe o topo do cupcake na cobertura azul derretida. Cubra completamente o restante do cupcake, até atingir a primeira cobertura.

Remova o cupcake pop da cobertura e deixe-o virado para cima. Se a cobertura estiver muito quente, começará a pingar nas laterais. Se isso acontecer, deixe a cobertura de lado por alguns minutos, até ficar mais espessa. Assim, quando você mergulhar os próximos cupcakes, ela não irá pingar.

Use um palito de dente para alcançar as áreas que a cobertura não cobrir, e para fazer linhas em formato de ondas.

Dica

- Você pode mergulhar todo o cupcake na cobertura azul em vez de usar o método de duas etapas; entretanto, o topo dos cupcakes pode não ficar tão bem definido.

Enquanto a cobertura ainda está úmida, polvilhe o topo do cupcake com açúcar cristal azul; em seguida, coloque um ursinho no topo. A bala de gelatina deve permanecer no topo. Deixe o cupcake pop secar por completo na base de isopor.

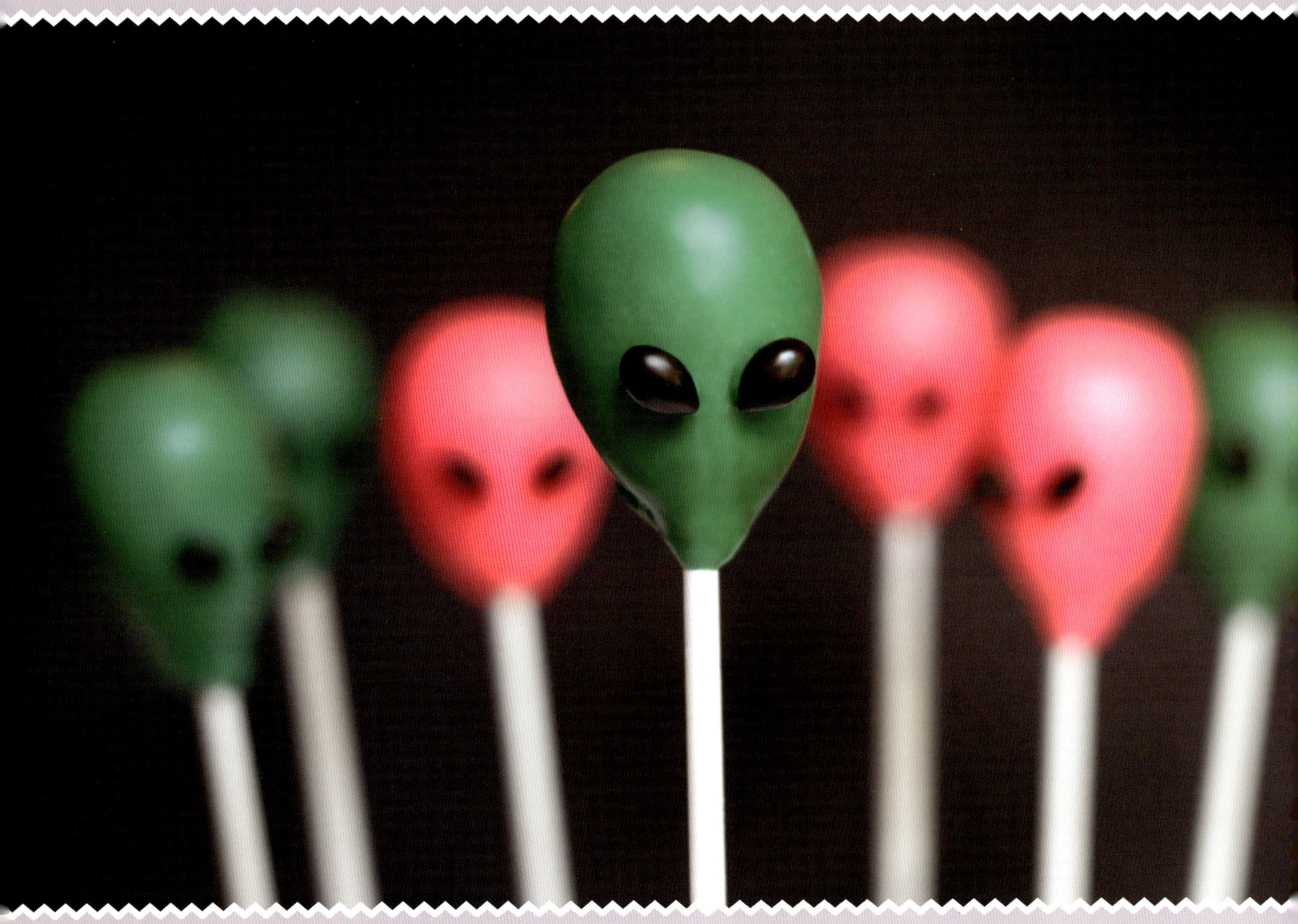

Invasão de marcianos

Coberturas das cores verde e cor-de-rosa tornam estes minimarcianos incrivelmente fofos! Adicione sementes de girassol confeitadas pretas para fazer os olhos destes invasores espaciais.

VOCÊ PRECISARÁ DE

48 bombons de bolo (p. 11) sem cobertura, em formato de balão

1 kg de cobertura verde-escura

2 tigelas fundas de plástico que possam ir ao micro-ondas

48 palitos de pirulito

Base de isopor

1 kg de cobertura cor-de-rosa

Palitos de dente

96 sementes de girassol confeitadas pretas

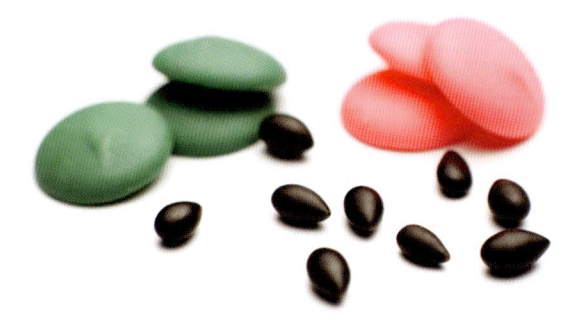

PARA DECORAR

Coloque os bombons de bolo na geladeira, para resfriá-los.

Derreta a cobertura verde na tigela de plástico, conforme as instruções da embalagem. A cobertura deve preencher cerca de 7,5 cm da tigela para facilitar o processo de imersão dos bombons (normalmente, uso cerca de 500 g de cobertura por vez).

Retire uma parte dos bombons da geladeira para aplicar a cobertura.

Mergulhe cerca de 1,5 cm da ponta de um palito de pirulito na cobertura derretida, e insira o palito na ponta do bombom, até a sua metade. Mergulhe o cake pop na cobertura derretida, deixando o excesso escorrer, conforme descrito na página 36. Faça isso com metade dos bombons, e depois coloque-os na base de isopor para que sequem.

Derreta a cobertura cor-de-rosa na outra tigela e mergulhe os marcianos restantes nela. Coloque os cake pops na base de isopor.

Quando os cake pops estiverem secos, use um palito de dente para aplicar um pouquinho da cobertura derretida (use a cobertura da mesma cor do cake pop) na posição dos olhos. Coloque duas sementes de girassol, com a ponta voltada para dentro e levemente para baixo. Segure-as até que fiquem grudadas.

Coloque os cake pops na base de isopor para que sequem por completo.

Dica

• Caso você não tenha uma tigela grande o suficiente para colocar 1,5 kg de cobertura, trabalhe em etapas, derretendo a cobertura conforme for necessário. No entanto, tenha em mente que o tom cinza pode variar de uma etapa para outra.

Robôs

Pastilhas de um colar de balas fazem lindos olhos, especialmente para estes robôs coloridos. Coloque-os lado a lado ou distantes um do outro e divirta-se com suas carinhas.

VOCÊ PRECISARÁ DE

48 bombons de bolo (p. 11) sem cobertura, em formato quadrado e/ou retangular

1,5 kg de cobertura branca

Tigela funda de plástico que possa ir ao micro-ondas

Corante para cobertura preto

48 palitos de pirulito

Base de isopor

Palitos de dente

96 mini M&M's® de chocolate coloridos

Pastilhas, em cores variadas, de um colar de balas (no mínimo 144)

Bala de gelatina *stick* vermelha

Balas em formato de aro

Macarrão japonês *sômen**

PARA DECORAR

Coloque os bombons na geladeira, para resfriá-los.

Derreta a cobertura branca na tigela de plástico, conforme as instruções da embalagem. A cobertura deve preencher cerca de 7,5 cm da tigela para facilitar o processo de imersão dos bombons. Adicione algumas gotas de corante para cobertura preto na cobertura derretida até que atinja o tom de cinza desejado.

Retire uma parte dos bombons da geladeira para aplicar a cobertura.

Um por um, mergulhe cerca de 1,5 cm da ponta de um palito de pirulito na cobertura derretida, e insira o palito até a metade do bombom. Mergulhe o cake pop na cobertura derretida, deixando o excesso escorrer, conforme descrito na página 36.

Deixe secar na base de isopor.

Para colocar os detalhes do robô, use um palito de dente para aplicar um pouquinho da cobertura cinza derretida na posição das orelhas. Em seguida, coloque dois mini M&M's® da mesma cor. Aplique um pouquinho de cobertura na posição dos olhos e coloque duas pastilhas redondas da mesma cor. Use a bala de gelatina *stick* vermelha para fazer a boca, cortando-a conforme for necessário e colocando-a com a mesma técnica na posição desejada. A cobertura irá secar e funcionará como uma cola.

Usando novamente um palito de dente, aplique cobertura na base da cabeça, no local onde ela se encontra com o palito de pirulito. Grude uma bala em formato de aro, deslizando-a para cima pelo palito de pirulito. Segure até que fique grudada. Adicione mais cobertura na base da bala em formato de aro e coloque uma pastilha da mesma forma.

Quebre o macarrão em pedaços de 1,5 cm e, com cuidado, insira-o no topo do cake pop, para fazer a antena. Alguns robôs podem ter uma antena, e outros, duas. Para os de uma antena só, você pode acrescentar uma pastilha ao redor dela, usando a cobertura para grudá-la.

Divirta-se e crie uma variedade de expressões mudando a localização das guloseimas.

Coloque na base de isopor para secar por completo.

---

*N.E.: Macarrão bem fino e branco feito de farinha de trigo.

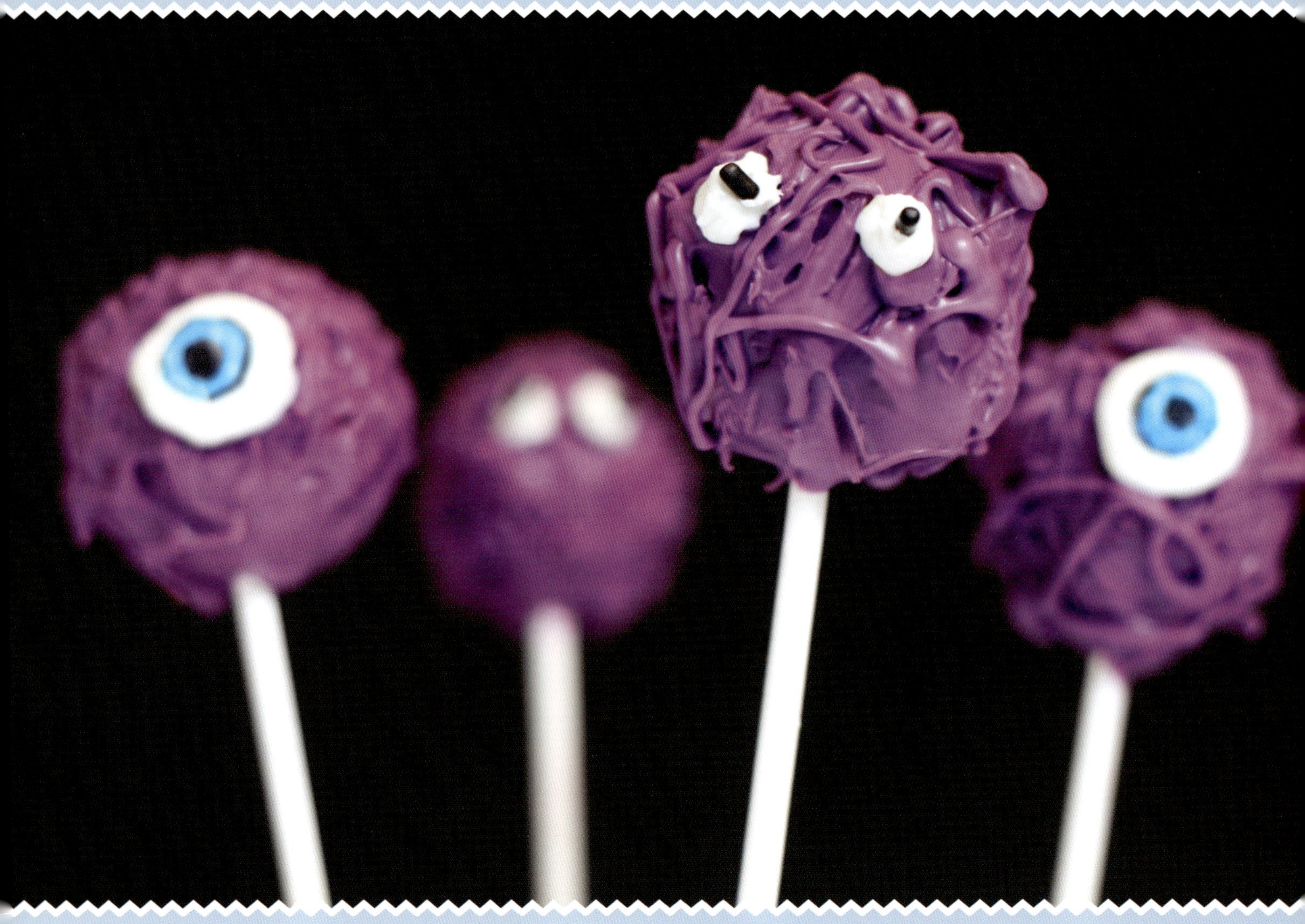

PROJETOS DE CAKE POPS 93

Monstrinhos

As crianças irão adorar estes cake pops. Deixe que elas ajudem a fazer estes monstrinhos malucos.

VOCÊ PRECISARÁ DE

48 bombons de bolo (p. 11) sem cobertura

2 kg de cobertura roxa

Tigela funda de plástico que possa ir ao micro-ondas

48 palitos de pirulito

Base de isopor

Bisnaga grande

Bisnaga de cobertura branca para escrever

Confeito granulado de chocolate

Caneta para decorar alimentos azul

Caneta para decorar alimentos preta

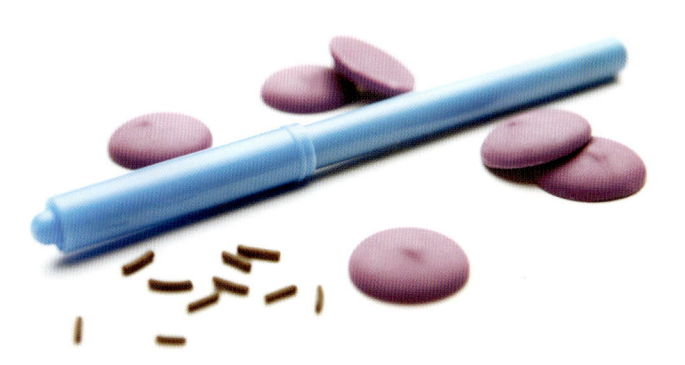

PARA DECORAR

Coloque os bombons de bolo na geladeira, para resfriá-los.

Derreta a cobertura roxa na tigela de plástico, conforme as instruções da embalagem. A cobertura deve preencher cerca de 7,5 cm da tigela para facilitar o processo de imersão dos bombons (normalmente, uso cerca de 500 g de cobertura por vez).

Retire uma parte dos bombons da geladeira para aplicar a cobertura.

Mergulhe cerca de 1,5 cm da ponta de um palito de pirulito na cobertura derretida, e insira o palito até a metade de um bombom. Mergulhe o cake pop na cobertura derretida, deixando o excesso escorrer, conforme descrito na página 36.

Deixe secar na base de isopor.

Coloque a cobertura roxa restante na bisnaga grande. Faça linhas finas e aleatórias ao redor da cabeça do monstro. Deixe secar por completo na base de isopor.

Em alguns cake pops, use a bisnaga de cobertura branca para fazer dois círculos pequenos na posição dos olhos, e então grude dois confeitos granulados antes que a cobertura seque.

Nos bombons restantes, faça um círculo branco grande na posição dos olhos. Deixe secar por completo e, depois, desenhe um círculo azul dentro do círculo branco, usando a caneta para decorar alimentos azul. Com a caneta para decorar alimentos preta, contorne o círculo azul e desenhe a pupila para finalizar o olho.

Deixe secar por completo.

nota: a cobertura branca derretida também pode ser usada para fazer os olhos.

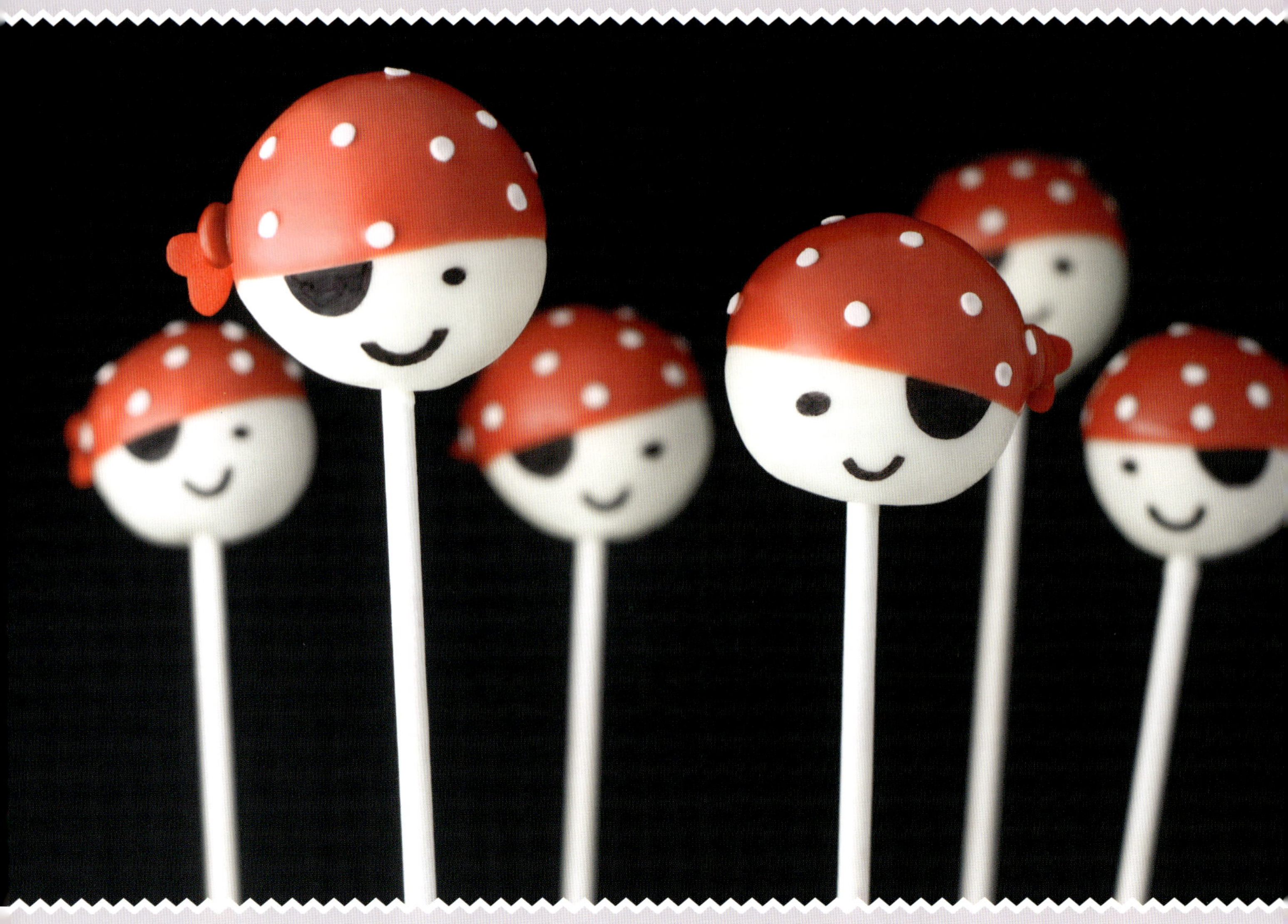

Piratas a bordo

Cuidado! Os piratas irão roubar seu coração com estas amáveis carinhas.

VOCÊ PRECISARÁ DE

48 bombons de bolo (p. 11) sem cobertura

1,5 kg de cobertura branca

2 tigelas fundas de plástico que possam ir ao micro-ondas

48 palitos de pirulito

Base de isopor

700 g de cobertura vermelha

Cerca de 15 miniconfetes brancos para cada cake pop

Palitos de dente

48 mini M&M's® vermelhos

48 confeitos grandes de coração vermelhos

Caneta para decorar alimentos preta

PARA DECORAR

Coloque os bombons de bolo na geladeira, para resfriá-los.

Derreta a cobertura branca na tigela de plástico, conforme as instruções da embalagem. A cobertura deve preencher cerca de 7,5 cm da tigela para facilitar o processo de imersão dos bombons (normalmente, uso cerca de 500 g de cobertura por vez).

Retire uma parte dos bombons da geladeira para aplicar a cobertura.

Mergulhe cerca de 1,5 cm da ponta de um palito de pirulito na cobertura derretida, e insira o palito até a metade de um bombom. Mergulhe o cake pop na cobertura derretida, deixando o excesso escorrer, conforme descrito na página 36.

Deixe secar por completo na base de isopor.

Para as bandanas, derreta a cobertura vermelha na outra tigela de plástico e mergulhe os cake pops na cobertura até a metade, segurando o cake pop na diagonal. Antes que a cobertura seque, espalhe os miniconfetes brancos aleatoriamente pela cobertura vermelha (se preferir, coloque-os quando a cobertura estiver seca; para isso, use um palito de dente para aplicar um pouquinho de cobertura e então grude os confetes).

Deixe secar por completo na base de isopor.

Para finalizar as bandanas, use um palito de dente para aplicar um pouquinho de cobertura vermelha em um dos lados do cake pop e, então, grude um mini M&M® vermelho. Segure por alguns segundos até que ele permaneça grudado no cake pop. Use a mesma técnica para colocar um confeito de coração, com a ponta voltada para o cake pop, para dar um acabamento final; e deixe secar.

Para o rosto, use a caneta para decorar alimentos preta para desenhar os olhos, o tapa-olho e a boca.

Deixe secar por completo.

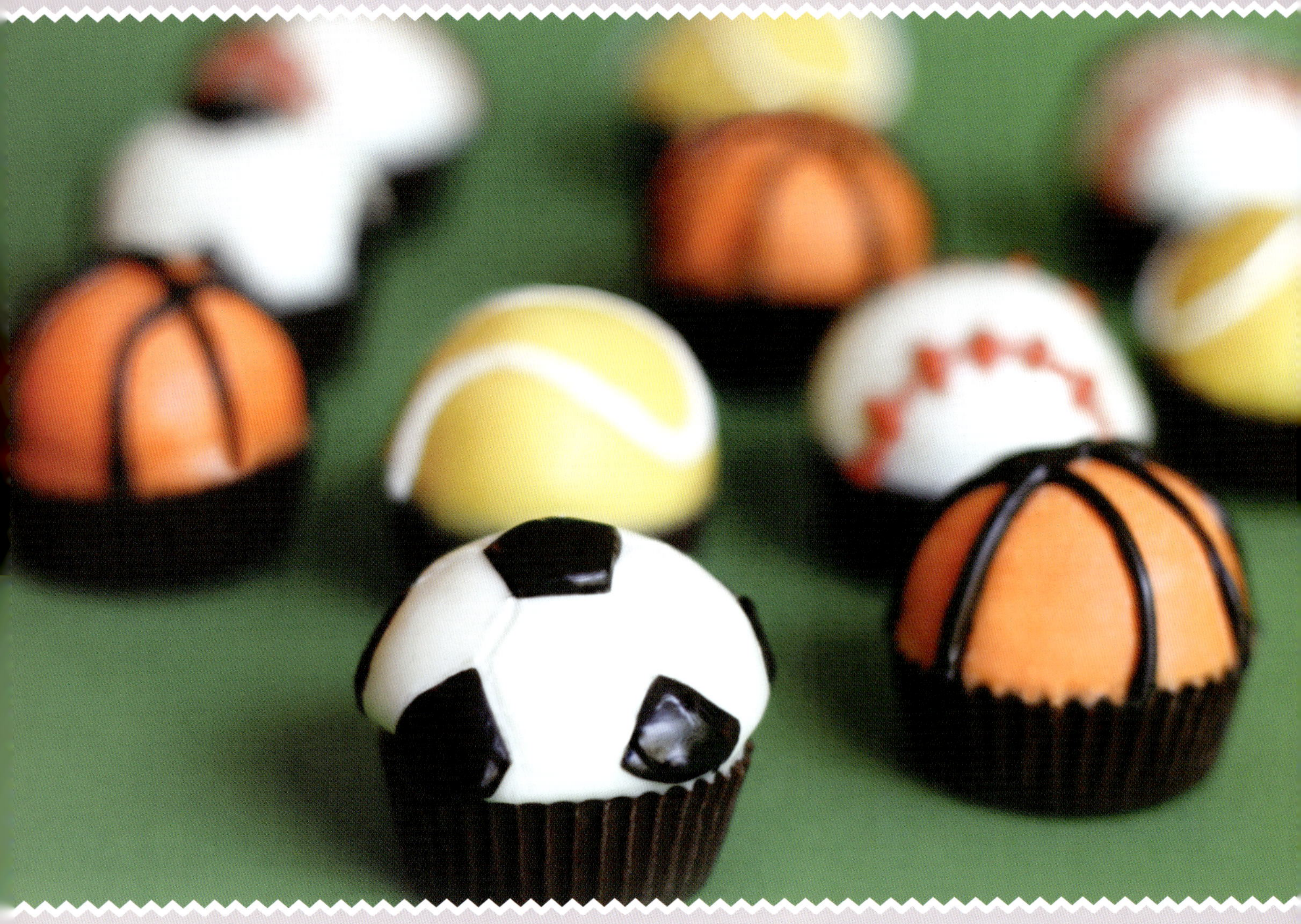

Ora, bolas!

Use um molde para fazer os minicupcakes, e então decore esta pequena delícia para criar bolas do seu jogo preferido.

VOCÊ PRECISARÁ DE

48 minicupcakes (p. 25) sem cobertura

1,5 kg de cobertura de chocolate

2 ou mais tigelas fundas de plástico que possam ir ao micro-ondas

Bisnaga grande

Molde de plástico de forminha de cupcake tamanho médio (com cavidades de 3,5 cm)

Assadeira rasa

700 g de cobertura branca, amarela ou laranja

Palitos de dente

Bisnaga de cobertura branca para escrever

Bisnaga pequena

Bisnaga de cobertura vermelha para escrever ou cobertura vermelha

Confeito granulado vermelho

Bisnaga de cobertura preta para escrever

Dica

- O formato do chocolate obtido pelo molde pode derreter aos poucos se você segurar o minicupcake por muito tempo. Use luvas para evitar impressões digitais na cobertura.

PARA DECORAR

Coloque os minicupcakes na geladeira, para resfriá-los.

Derreta a cobertura de chocolate na tigela de plástico, conforme as instruções da embalagem. Em seguida, transfira a cobertura para a bisnaga grande.

Use a bisnaga para preencher uma cavidade do molde com a cobertura, e imediatamente coloque um dos minicupcakes nessa cavidade. Comece preenchendo a cavidade até a metade. Lentamente, empurre o minicupcake para baixo até que a pressão force a cobertura para cima e cubra as laterais do minicupcake. As primeiras tentativas servirão como teste para que você descubra qual a quantidade adequada de cobertura a ser usada. Pare de empurrar o minicupcake assim que o chocolate atingir a borda do molde, de maneira que não forme uma protuberância no minicupcake. A outra metade do minicupcake, que não recebeu a cobertura, deve ultrapassar o molde, de modo que fique um pouco mais larga no topo. Repita o procedimento com as cavidades restantes do molde.

Coloque o molde no congelador por 5 a 10 minutos, para que o chocolate fique firme. Se preferir, coloque o molde dentro de uma assadeira rasa para evitar que vire.

Retire do congelador e desenforme os minicupcakes. Torça o molde suavemente e empurre-o, segurando os minicupcakes pela parte que fica exposta para fora do molde.

Para o topo dos cupcakes das bolas de futebol e beisebol, derreta a cobertura branca na tigela de plástico. Para as bolas de tênis, derreta a amarela; e para as de basquete, derreta a laranja.

Segurando por baixo de cada minicupcake, mergulhe o topo na cobertura derretida, até que atinja a cobertura de chocolate. Use um palito de dente para alcançar as áreas que não forem cobertas.

(continua)

Retire o minicupcake da cobertura, segure-o de lado e faça um movimento circular com a mão, para ajudar a escorrer a cobertura. Reserve e deixe secar por completo antes de fazer os detalhes.

Para as bolas de tênis, use a bisnaga de cobertura branca (ou coloque um pouco de cobertura branca derretida na bisnaga pequena) e faça um movimento ondulado na bola.

Para as bolas de beisebol, use a bisnaga de cobertura vermelha (ou use cobertura vermelha derretida) para desenhar semicírculos nos topos. Coloque granulados vermelhos enquanto a cobertura ainda está úmida, ou use a bisnaga de cobertura vermelha para fazer os tracinhos da bola; deixe secar.

Para as bolas de futebol, use um palito de dente para fazer hexágonos na cobertura branca. Use as marcações como guia para contornar e pintar alguns hexágonos com a bisnaga de cobertura preta.

Para as bolas de basquete, use um palito de dente para riscar duas linhas perpendiculares e, depois, dois semicírculos. Contorne as marcações com a bisnaga de cobertura preta.

Deixe os minicupcakes secarem por completo.

Além dos bombons de bolo, minicupcakes e cake pops, você pode combinar outros ingredientes para moldar formatos diferentes. Estas bolas de futebol americano são, na verdade, biscoitos de chocolate com recheio de baunilha triturados misturados com *cream cheese*. Você também pode prepará-las com bolo e cobertura, mas não se limite a isso. Sinta-se à vontade para experimentar receitas com outros tipos de doce, como *cookies* e *brownies*. Para mais exemplos, acesse meu site, www.bakerella.com/category/pops-bites/other-pops/.

PROJETOS DE CAKE POPS

Joaninhas

Crie deliciosas joaninhas usando moldes de trufas.

VOCÊ PRECISARÁ DE

48 bombons de bolo (p. 11) sem cobertura

2 kg de cobertura vermelha

2 tigelas fundas de plástico que possam ir ao micro-ondas

Bisnaga grande

Molde de plástico para trufa (com cavidades de 4 a 4,5 cm)

Assadeira rasa

Caneta para decorar alimentos preta

125 g de cobertura de chocolate

Palitos de dente

48 balinhas de menta cobertas de chocolate (Junior Mints®)

96 confetes brancos

48 boquinhas vermelhas

Cerca de 400 confetes pretos

96 confeitos granulados de chocolate

PARA DECORAR

Coloque os bombons na geladeira, para resfriá-los. Confira a "Receita básica de minicupcakes" na página 25 para fazer estas joaninhas.

Derreta a cobertura vermelha na tigela de plástico, conforme as instruções da embalagem, e coloque-a na bisnaga grande.

Preencha a cavidade do molde de trufa com a cobertura derretida e, em seguida, coloque um bombom na cavidade. Pressione-o levemente, para que a cobertura cubra as laterais do bombom. O topo do bombom deve estar quase nivelado com o topo do molde. Em outras palavras, o bombom não deve ultrapassar a cavidade do molde. Se os bombons forem muito grandes, você pode diminuí-los removendo um pouquinho do bolo e enrolando-os novamente. Você também pode moldá-los no formato da cavidade para aproveitar melhor o espaço.

(continua)

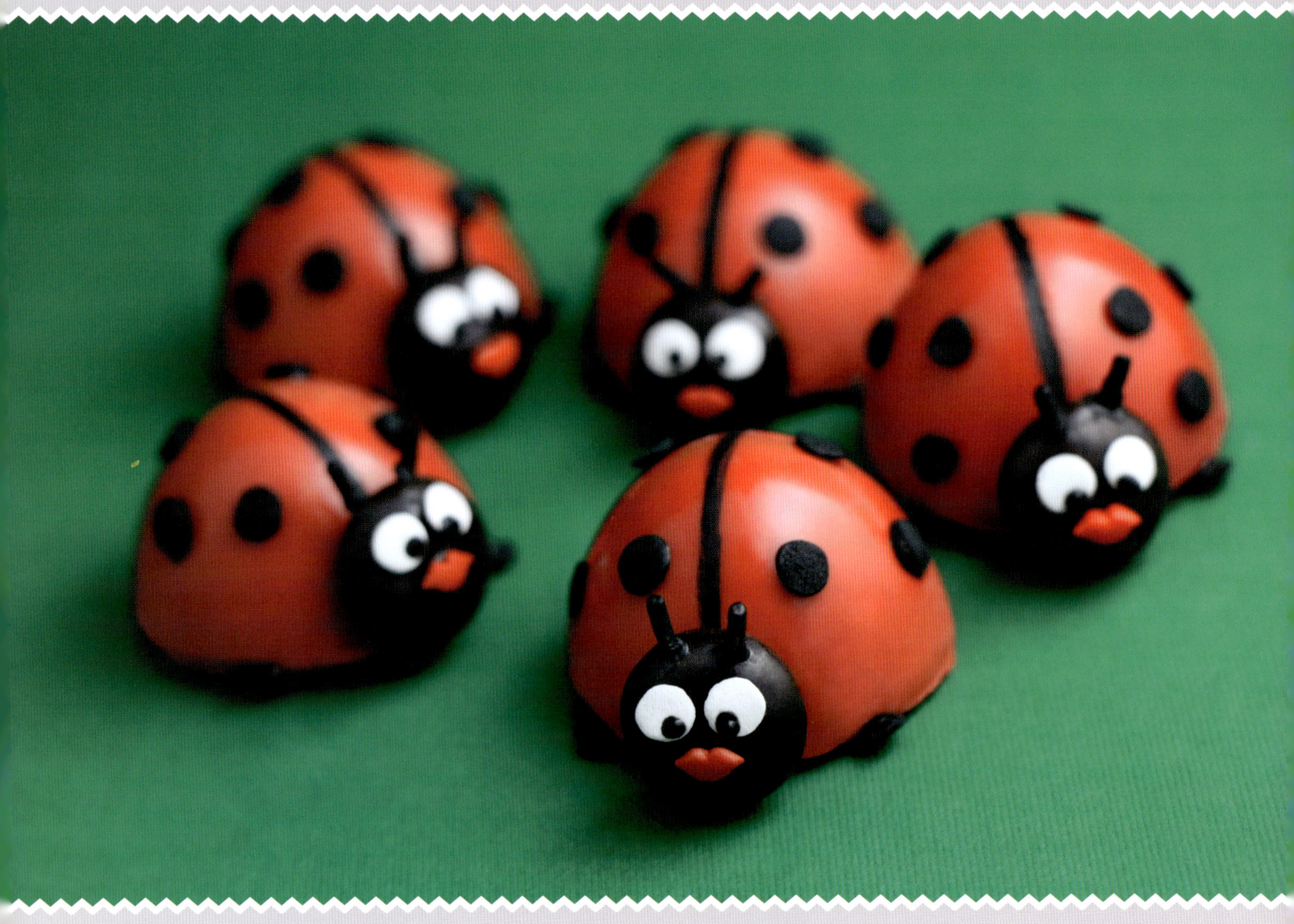

Use a bisnaga para aplicar mais cobertura vermelha no topo do bombom. A cobertura deve ficar nivelada com a superfície do molde. Repita o procedimento nas outras cavidades e deixe secar. Se desejar, coloque no congelador o molde preenchido dentro de uma assadeira, para acelerar o tempo de secagem. Remova após 5 a 10 minutos e retire as joaninhas do molde. Repita o procedimento, usando o mesmo molde, ou use vários moldes ao mesmo tempo.

Com a caneta para decorar alimentos preta, faça uma linha, ponta a ponta, no centro de cada bombom; depois deixe secar.

Em seguida, faça a cabeça. Derreta a cobertura de chocolate, para usá-la como cola. Use um palito de dente para aplicar um pouquinho da cobertura em cada balinha de menta coberta de chocolate, na posição dos olhos, e grude dois confetes brancos na bala. Use a mesma técnica para colocar a boquinha. Reserve e deixe secar.

Usando um palito de dente, faça pontinhos com um pouquinho de cobertura de chocolate em cada lado da linha na parte de cima da joaninha. Pressione um confeito granulado de chocolate em cada ponto de cobertura e deixe secar.

Coloque um pouquinho de cobertura de chocolate atrás de cada cabeça feita de balinha de menta coberta de chocolate e grude-a no corpo da joaninha. Deixe secar por completo antes de mover o bombom. Por fim, mergulhe um palito de dente na cobertura de chocolate derretida e aplique-a na posição da pupila dos olhos. Mergulhe as pontas de dois confeitos granulados de chocolate, um de cada vez, na cobertura de chocolate derretida e fixe-os na posição das antenas em cada joaninha.

Opcional: caso queira acrescentar patas às joaninhas, grude dois confetes pretos na parte inferior do corpo, usando mais cobertura, de modo que metade de cada confete fique visível. Deixe secar por completo antes de manuseá-la.

Dicas

- As antenas e as patas são muito delicadas, por isso tenha cuidado. Se for expor as joaninhas em casa, não haverá muito problema, mas se for transportá-las, é melhor não colocar antenas e patas.

- Você também pode aplicar cobertura em vez de usar confetes pretos.

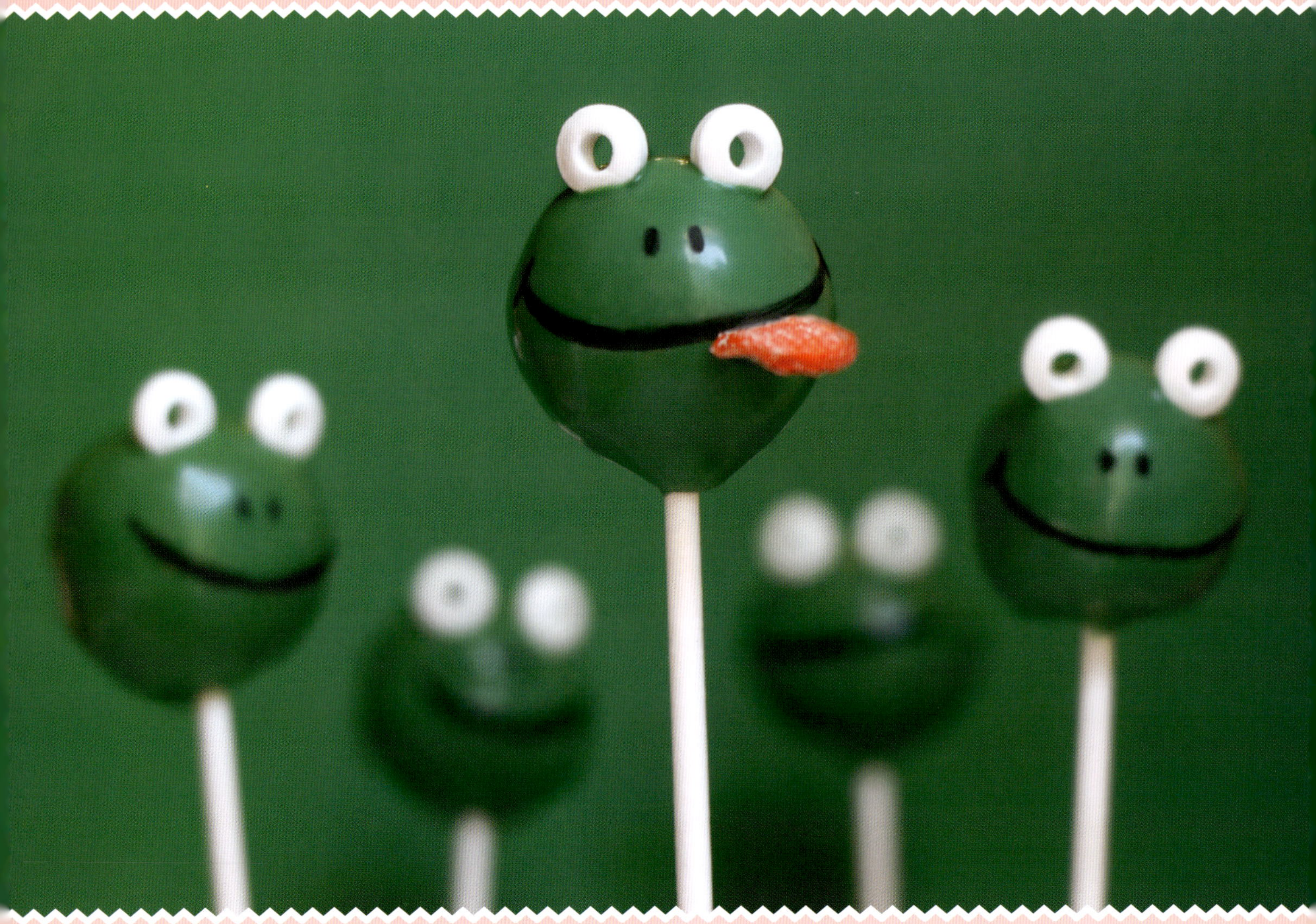

Sapinhos

Faça os olhos com pastilhas brancas de um colar de balas e desenhe um lindo sorriso para fazer carinhas alegres.

VOCÊ PRECISARÁ DE

48 bombons de bolo (p. 11) sem cobertura

1,5 kg de cobertura verde-escura

Tigela funda de plástico que possa ir ao micro-ondas

48 palitos de pirulito

96 pastilhas brancas de um colar de balas

Base de isopor

Caneta para decorar alimentos preta

160 g de tiras de alcaçuz (opcional)

PARA DECORAR

Coloque os bombons de bolo na geladeira, para resfriá-los.

Derreta a cobertura verde-escura na tigela de plástico, conforme as instruções da embalagem. A cobertura deve preencher cerca de 7,5 cm da tigela para facilitar o processo de imersão dos bombons (normalmente, uso cerca de 500 g de cobertura por vez).

Retire uma parte dos bombons da geladeira para aplicar a cobertura.

Mergulhe cerca de 1,5 cm da ponta de um palito de pirulito na cobertura derretida e, em seguida, insira o palito até a metade de um bombom. Mergulhe o cake pop na cobertura derretida, deixando o excesso escorrer, como descrito na página 36.

Enquanto a cobertura ainda está úmida, coloque duas pastilhas brancas na posição dos olhos, e depois deixe na base de isopor para secar. Repita o procedimento até que todos os sapinhos tenham olhos.

Desenhe o nariz e um grande sorriso com a caneta para decorar alimentos preta, e deixe secar por completo na base de isopor.

Opcional: corte as tiras de alcaçuz em formato de língua. Elas devem ser arredondadas em um dos lados, para a ponta da língua, e levemente achatadas do outro lado, para que grudem com facilidade na superfície curvada do cake pop. Mergulhe a ponta levemente achatada na cobertura derretida e coloque-a no sorriso do sapo. Segure por alguns segundos até que permaneça grudada; deixe secar.

PROJETOS DE CAKE POPS

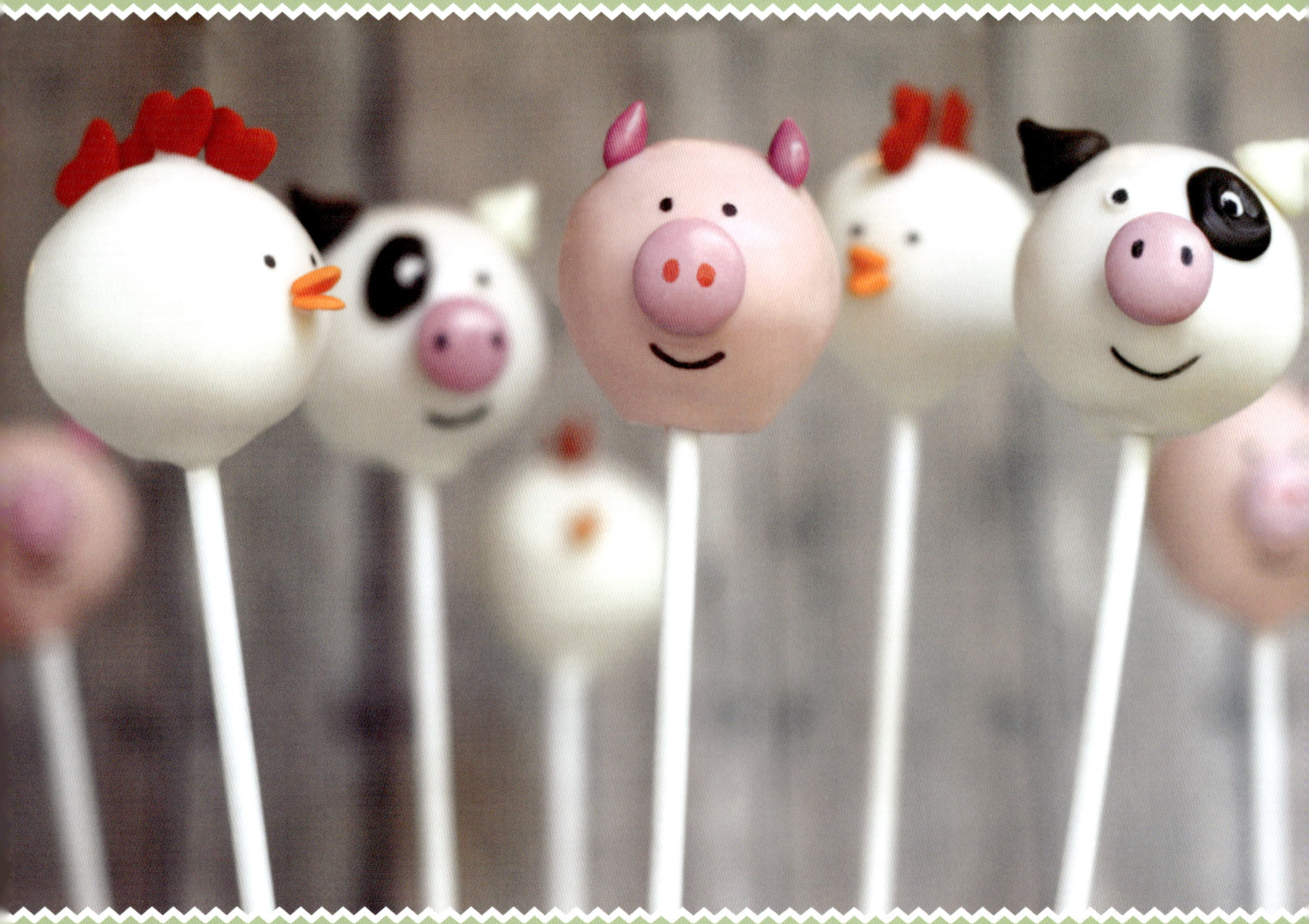

PROJETOS DE CAKE POPS 105

Turminha da fazenda

Porquinhos cor-de-rosa

Faça estes porquinhos, assim como as vacas e as galinhas, para uma grande festa de aniversário na fazenda.

VOCÊ PRECISARÁ DE

48 bombons de bolo (p. 11) sem cobertura

1,5 kg de cobertura cor-de-rosa

Tigela funda de plástico que possa ir ao micro-ondas

48 palitos de pirulito

96 sementes de girassol confeitadas na cor rosa

Base de isopor

Palitos de dente

48 M&M's® cor-de-rosa

Caneta para decorar alimentos vermelha

Caneta para decorar alimentos preta

PARA DECORAR

Coloque os bombons de bolo na geladeira, para resfriá-los.

Derreta a cobertura cor-de-rosa na tigela de plástico, conforme as instruções da embalagem. A cobertura deve preencher cerca de 7,5 cm da tigela para facilitar o processo de imersão dos bombons (normalmente, uso cerca de 500 g de cobertura por vez).

Retire uma parte dos bombons da geladeira para aplicar a cobertura.

Mergulhe cerca de 1,5 cm da ponta de um palito de pirulito na cobertura derretida e, em seguida, insira o palito até a metade de um bombom. Mergulhe o cake pop na cobertura derretida, deixando o excesso escorrer, como descrito na página 36.

Enquanto a cobertura ainda está úmida, coloque duas sementes de girassol confeitadas na posição das orelhas.

Coloque na base de isopor para secar. Repita o procedimento até que todos os cake pops estejam cobertos e com orelhas.

Quando os cake pops estiverem secos, use um palito de dente para aplicar um pouquinho de cobertura derretida na posição do nariz, e então grude um M&M® cor-de-rosa, com o M virado para trás. Segure por alguns segundos até que fique grudado.

Coloque na base de isopor para secar por completo. Repita o procedimento até que todos os cake pops tenham nariz.

Desenhe os detalhes, usando a caneta para decorar alimentos vermelha para fazer o focinho e a caneta para decorar alimentos preta para fazer os olhos e a boca.

Deixe secar por completo.

(continua)

Vaquinhas

Gotas de chocolate são a proporção perfeita para muitas orelhas de animais. Você pode usar uma de chocolate branco e outra de chocolate ao leite para fazer adoráveis vaquinhas.

VOCÊ PRECISARÁ DE

48 bombons de bolo (p. 11) sem cobertura

1,5 kg de cobertura branca

Tigela funda de plástico que possa ir ao micro-ondas

48 palitos de pirulito

Base de isopor

Palitos de dente

48 M&M's® cor-de-rosa

48 gotas de chocolate branco

48 gotas de chocolate ao leite

Bisnaga de cobertura marrom ou preta para escrever

96 miniconfetes brancos

Caneta para decorar alimentos preta

PARA DECORAR

Coloque os bombons de bolo na geladeira, para resfriá-los.

Derreta a cobertura branca na tigela de plástico, conforme as instruções da embalagem. A cobertura deve preencher cerca de 7,5 cm da tigela para facilitar o processo de imersão dos bombons (normalmente, uso cerca de 500 g de cobertura por vez).

Retire uma parte dos bombons da geladeira para aplicar a cobertura.

Mergulhe cerca de 1,5 cm da ponta de um palito de pirulito na cobertura derretida e, em seguida, insira o palito até a metade de um bombom. Mergulhe o cake pop na cobertura derretida, deixando o excesso escorrer, como descrito na página 36. Coloque na base de isopor para secar.

Para o rosto, use um palito de dente para aplicar um pouquinho de cobertura derretida na parte da frente do cake pop, na posição do nariz, e então grude um M&M® cor-de-rosa, com o M virado para trás. Segure até que fique grudado.

Use a mesma técnica para colocar uma gota de chocolate branco e outra ao leite em cada cake pop, para as orelhas.

Coloque na base de isopor para secar por completo.

Use a bisnaga para fazer um pequeno círculo de cobertura em cada cake pop, de modo que fique uma mancha ao redor de um dos olhos da vaca. Usando um palito de dente para aplicar um pouquinho de cobertura, coloque um miniconfete branco dentro da mancha, para fazer um olho, e coloque outro miniconfete do outro lado, para fazer o segundo olho.

Usando uma caneta para decorar alimentos preta, desenhe as pupilas nos miniconfetes, os detalhes do focinho e a boca. Deixe secar por completo.

Galinhas

Existem confeitos de coração em diversos tamanhos. Veja como corações pequenos e grandes tornam simples cake pops brancos em graciosas galinhas.

VOCÊ PRECISARÁ DE

48 bombons de bolo (p. 11) sem cobertura

1,5 kg de cobertura branca

Tigela funda de plástico que possa ir ao micro-ondas

48 palitos de pirulito

144 confeitos grandes de coração vermelhos

Base de isopor

Palitos de dente

96 miniconfeitos de coração laranjas

Caneta para decorar alimentos preta

PARA DECORAR

Coloque os bombons de bolo na geladeira, para resfriá-los.

Derreta a cobertura branca na tigela de plástico, conforme as instruções da embalagem. A cobertura deve preencher cerca de 7,5 cm da tigela para facilitar o processo de imersão dos bombons (normalmente, uso cerca de 500 g de cobertura por vez).

Retire uma parte dos bombons da geladeira para aplicar a cobertura.

Mergulhe cerca de 1,5 cm da ponta de um palito de pirulito na cobertura derretida e, em seguida, insira o palito até a metade de um bombom. Mergulhe o cake pop na cobertura derretida, deixando o excesso escorrer, como descrito na página 36.

Imediatamente, coloque três confeitos grandes de coração vermelhos, com a ponta virada para baixo, de modo que formem uma linha no topo de cada cake pop. Coloque na base de isopor para secar. Repita o procedimento com os cake pops restantes, até que todas as galinhas tenham confeitos no topo.

Quando os cake pops estiverem secos, use um palito de dente para aplicar um pouquinho de cobertura derretida na posição do bico, e então grude dois miniconfeitos de coração laranjas, com as pontas para fora. Separe os miniconfeitos levemente para que o bico pareça aberto. Segure-os até que fiquem aderidos à cobertura; coloque na base de isopor para secar.

Desenhe os olhos com a caneta para decorar alimentos preta. Deixe secar por completo.

Cachorrinhos

Misture e combine coberturas de pasta de amendoim, chocolate e creme de baunilha para criar uma ninhada de lindos cachorrinhos.

VOCÊ PRECISARÁ DE

48 bombons de bolo (p. 11) sem cobertura

1 kg de cobertura de pasta de amendoim

500 g de cobertura branca

2 tigelas fundas de plástico que possam ir ao micro-ondas

48 palitos de pirulito

Base de isopor

500 g de cobertura de chocolate

1 a 3 bisnagas

Várias colheres de plástico grandes transparentes

Marcador permanente

Papel-manteiga

Assadeira rasa

Mini M&M's®

Faca pequena afiada

Palitos de dente

Caneta para decorar alimentos preta

48 balas em formato de aro

PARA DECORAR

Coloque os bombons de bolo na geladeira, para resfriá-los.

Derreta a cobertura branca e a de pasta de amendoim em tigelas de plástico separadas, conforme as instruções das embalagens e trabalhe com um sabor por vez. A cobertura deve preencher cerca de 7,5 cm da tigela para facilitar o processo de imersão dos bombons.

Retire uma parte dos bombons da geladeira para aplicar a cobertura.

Mergulhe cerca de 1,5 cm da ponta de um palito de pirulito em uma das coberturas derretidas e, em seguida, insira o palito até a metade de um bombom. Mergulhe o cake pop na mesma cobertura, deixando o excesso escorrer, como descrito na página 36.

Deixe os cake pops secarem na base de isopor.

Para fazer as orelhas dos cachorrinhos, derreta a cobertura de chocolate e coloque-a em uma bisnaga. Se quiser fazer orelhas nas outras cores, coloque um pouco de pasta de amendoim e cobertura branca em bisnagas separadas, reaquecendo-as se necessário.

Desenhe o formato de uma lágrima alongada na parte de trás de uma colher de plástico grande, usando o marcador permanente. Com a colher de plástico é possível fazer orelhas curvadas. Vire a colher para cima e, usando a bisnaga preenchida com cobertura derretida, trace o formato da orelha na parte de dentro da colher e, em seguida, preencha o contorno com mais cobertura. Repita o procedimento até obter 48 pares de orelhas. Coloque no congelador, dentro de uma assadeira forrada com papel-manteiga, por alguns minutos, até ficar firme.

(continua)

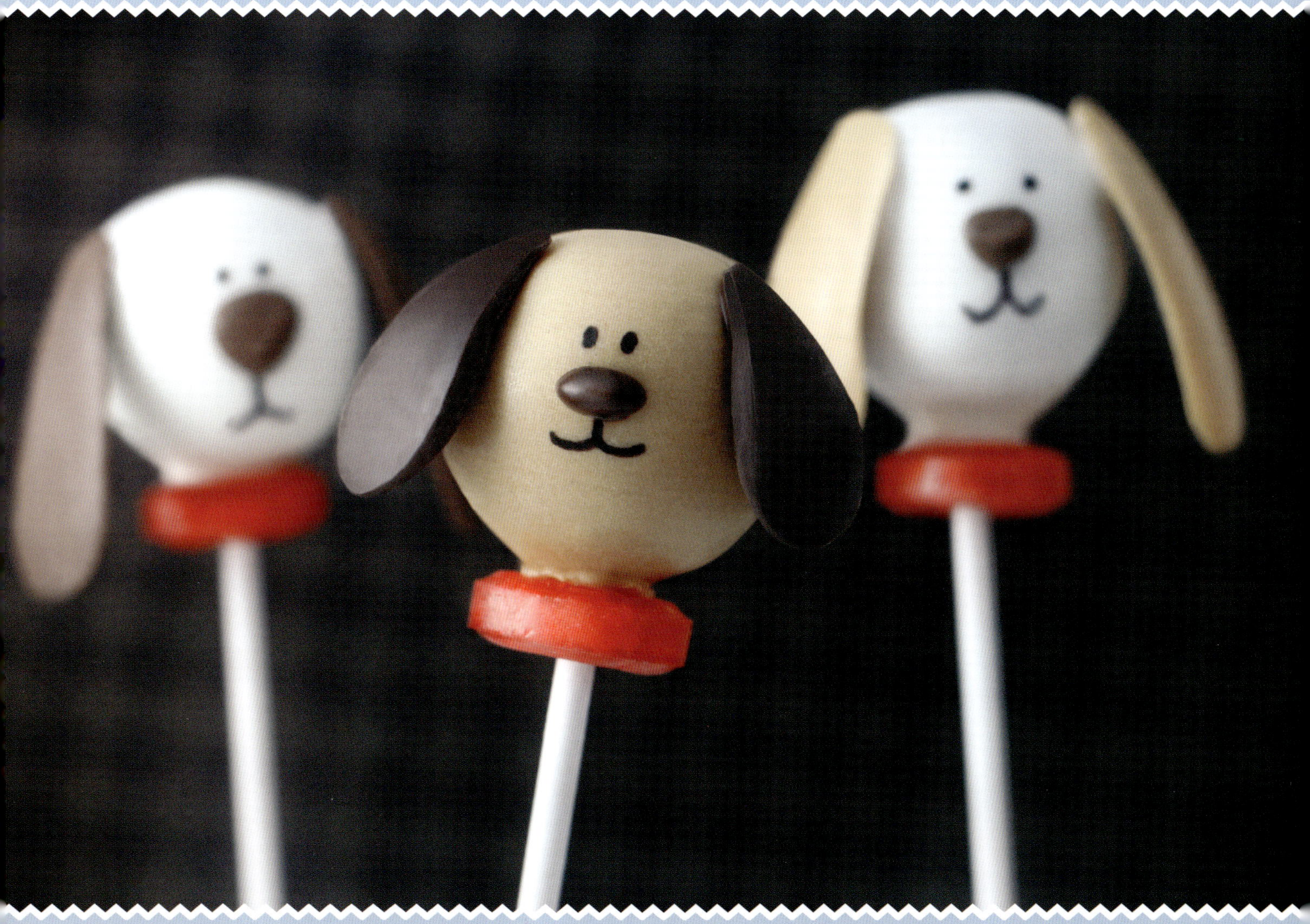

Remova a assadeira do congelador e retire as orelhas das colheres. Deixe as orelhas em um lugar seguro até o momento de usá-las. Se preferir, faça isso na noite anterior.

Para o nariz, corte os mini M&M's® ao meio, usando a faca afiada. Se preferir, use uma bisnaga preenchida de cobertura derretida para desenhar formatos de nariz sobre um papel-manteiga. Deixe o nariz secar por completo. Isso também pode ser feito na noite anterior.

Use um palito de dente para colocar um pouquinho de cobertura derretida na posição do nariz, e então grude o nariz.

Deixe os cake pops secarem por completo na base de isopor.

Com a caneta para decorar alimentos preta, desenhe os olhos e a boca dos cachorrinhos, e deixe secar completamente.

Coloque as orelhas e aplique as balas em formato de aro usando cobertura derretida. A bala será utilizada para fazer uma gola, portanto, deslize-a pelo palito até chegar à cabeça. Segure a orelha e a bala por alguns instantes, até que permaneçam grudadas.

Deixe secar por completo.

nota: as orelhas são muito frágeis, por isso tome cuidado caso vá transportar os cake pops.

Cuidado: leões, tigres e ursos!

Leões

Gotas de caramelo tornam a juba destes leõezinhos a atração principal.

VOCÊ PRECISARÁ DE

48 bombons de bolo (p. 11) sem cobertura

1,5 kg de cobertura de pasta de amendoim ou de caramelo

Tigela funda de plástico que possa ir ao micro-ondas

48 palitos de pirulito

Base de isopor

24 M&M's® marrons

Faca afiada

300 g de gotas de pasta de amendoim ou de caramelo

Palitos de dente

96 miniconfetes brancos

Caneta para decorar alimentos preta

PARA DECORAR

Coloque os bombons de bolo na geladeira, para resfriá-los.

Derreta a cobertura de pasta de amendoim ou de caramelo na tigela de plástico, conforme as instruções da embalagem. A cobertura deve preencher cerca de 7,5 cm da tigela para facilitar o processo de imersão dos bombons (normalmente, uso cerca de 500 g de cobertura por vez).

Retire uma parte dos bombons da geladeira para aplicar a cobertura.

Mergulhe cerca de 1,5 cm da ponta de um palito de pirulito na cobertura derretida e, em seguida, insira o palito até a metade de um bombom. Mergulhe o cake pop na cobertura, deixando o excesso escorrer, como descrito na página 36.

Coloque na base de isopor para secar e repita o procedimento com os outros cake pops.

Corte os M&M's® ao meio, usando uma faca afiada, e reserve.

Mergulhe a base de uma gota de pasta de amendoim ou de caramelo na cobertura restante e grude-a no cake pop. Coloque gotas ao redor de toda a cabeça do leão, usando cerca de doze gotas para fazer a juba. Deixe os cake pops secarem na base de isopor.

Quando os cake pops estiverem secos, use um palito de dente para aplicar um pouquinho de cobertura derretida na posição do nariz, e então grude metade de um M&M®. Use a mesma técnica para colocar dois miniconfetes brancos na posição dos olhos. Repita o procedimento com os cake pops restantes e deixe secar.

Faça a boca e as pupilas com a caneta para decorar alimentos preta.

Coloque na base de isopor para secar.

(continua)

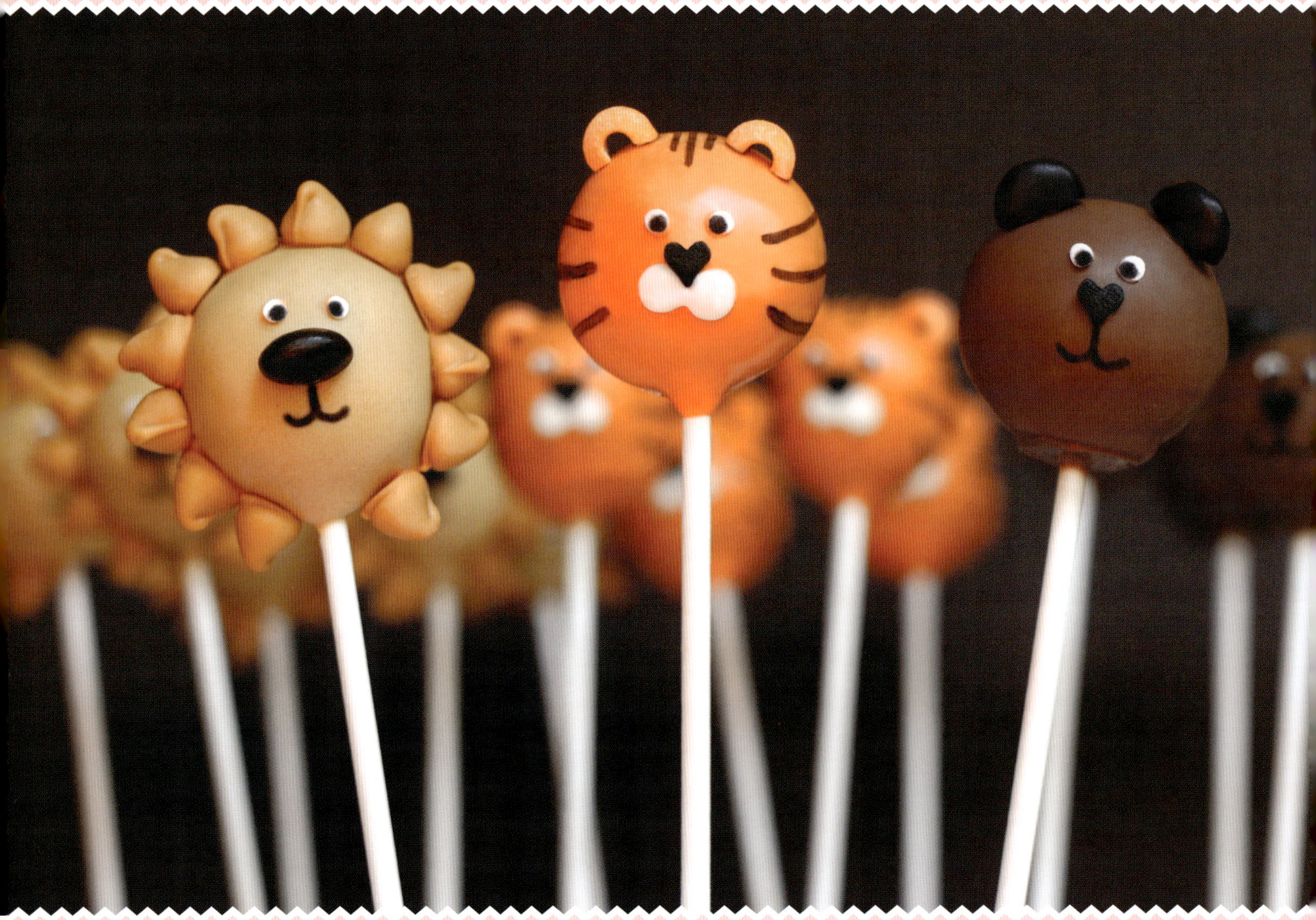

Tigres

Com uma caneta para decorar alimentos preta, transforme cake pops laranjas em maravilhosos tigrinhos.

VOCÊ PRECISARÁ DE

48 bombons de bolo (p. 11) sem cobertura

1,5 kg de cobertura laranja

Tigela funda de plástico que possa ir ao micro-ondas

48 palitos de pirulito

Base de isopor

48 pastilhas laranjas de um colar de balas

Faca afiada

Palitos de dente

48 miniconfeitos de coração pretos

96 miniconfetes brancos

Bisnaga de cobertura branca para escrever

Caneta para decorar alimentos preta

PARA DECORAR

Coloque os bombons de bolo na geladeira, para resfriá-los.

Derreta a cobertura laranja na tigela de plástico, conforme as instruções da embalagem. A cobertura deve preencher cerca de 7,5 cm da tigela para facilitar o processo de imersão dos bombons (normalmente, uso cerca de 500 g de cobertura por vez).

Retire uma parte dos bombons da geladeira para aplicar a cobertura.

Mergulhe cerca de 1,5 cm da ponta de um palito de pirulito na cobertura derretida e, em seguida, insira o palito até a metade de um bombom. Mergulhe o cake pop na cobertura, deixando o excesso escorrer, como descrito na página 36.

Coloque na base de isopor para secar.

Corte as pastilhas laranjas ao meio, usando uma faca afiada.

Mergulhe a parte cortada de duas pastilhas na cobertura derretida restante, e então grude-as no cake pop, na posição das orelhas. Segure até que permaneçam grudadas. Repita o procedimento com os cake pops restantes.

Deixe secar na base de isopor.

Quando os cake pops estiverem secos, use um palito de dente para aplicar um pouquinho de cobertura derretida na posição do nariz, e então grude um confeito de coração preto. Use a mesma técnica para grudar dois miniconfetes brancos na posição dos olhos.

Use a bisnaga de cobertura branca para fazer dois círculos pequenos em cada lado do nariz; deixe secar.

Faça as listras e pupilas do tigre com a caneta para decorar alimentos preta.

Deixe secar por completo.

(continua)

Ursos

Estes ursinhos são feitos com cobertura de chocolate derretida, mas também podem ser feitos na cor que desejar. Ursos cor-de-rosa ou azuis podem se tornar minidelícias para chás de bebê.

VOCÊ PRECISARÁ DE

48 bombons de bolo (p. 11) sem cobertura

1,5 kg de cobertura de chocolate

Tigela funda de plástico que possa ir ao micro-ondas

48 palitos de pirulito

Base de isopor

48 M&M's® pretos ou marrons

Faca afiada

Palitos de dente

48 miniconfeitos de coração pretos

96 miniconfetes brancos

Caneta para decorar alimentos preta

PARA DECORAR

Coloque os bombons de bolo na geladeira, para resfriá-los.

Derreta a cobertura de chocolate na tigela de plástico, conforme as instruções da embalagem. A cobertura deve preencher cerca de 7,5 cm da tigela para facilitar o processo de imersão do bombom (normalmente, uso cerca de 500 g de cobertura por vez).

Retire uma parte dos bombons da geladeira para aplicar a cobertura.

Mergulhe cerca de 1,5 cm da ponta de um palito de pirulito na cobertura derretida e, em seguida, insira o palito até a metade de um bombom. Mergulhe o cake pop na cobertura, deixando o excesso escorrer, como descrito na página 36.

Coloque na base de isopor para secar e repita o procedimento com os outros cake pops.

Corte os M&M's® ao meio, usando uma faca afiada, e reserve.

Mergulhe a parte cortada do M&M® na cobertura restante e grude-a no cake pop, para fazer as orelhas. Segure até que fiquem grudadas. Repita o procedimento com os cake pops restantes.

Deixe os cake pops secarem na base de isopor.

Quando os cake pops estiverem secos, use um palito de dente para aplicar um pouquinho de cobertura derretida na posição do nariz, e então grude um confeito de coração. Use a mesma técnica para colocar dois miniconfetes brancos na posição dos olhos.

Faça a boca e as pupilas com a caneta para decorar alimentos preta.

Coloque na base de isopor para secar.

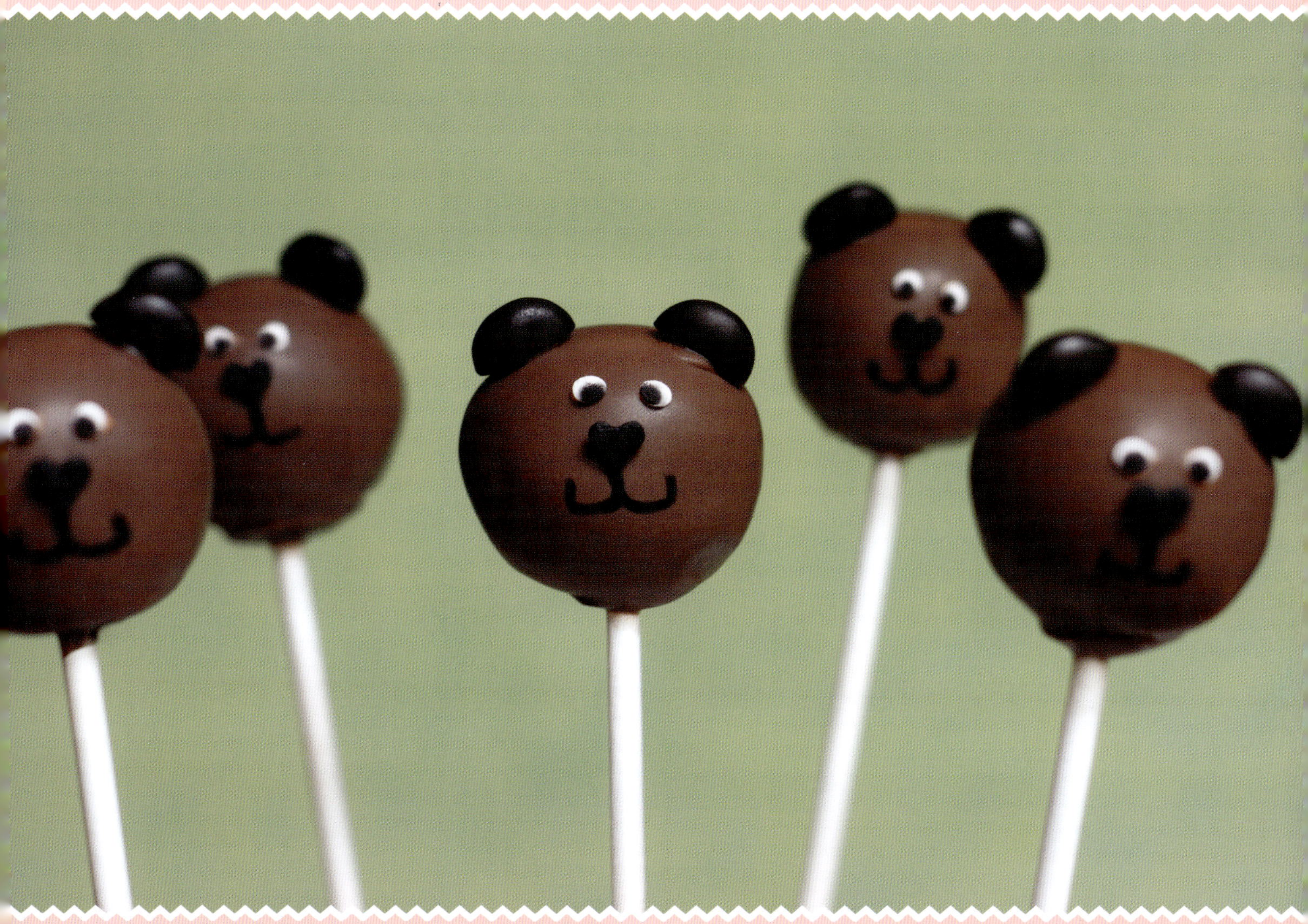

Dica

- Caso você não tenha uma tigela grande o suficiente para colocar 1,5 kg de cobertura, trabalhe em etapas, derretendo a cobertura conforme necessário. Mas tenha em mente que o tom de cinza pode variar de uma etapa para outra.

Coalas

As coberturas são disponíveis em uma grande variedade de cores. Você também pode tingir a sua facilmente, se preferir. Para a cor cinza, adicione algumas gotas de corante preto à cobertura branca derretida.

VOCÊ PRECISARÁ DE

48 bombons de bolo (p. 11) sem cobertura

2 kg de cobertura branca

2 tigelas fundas de plástico que possam ir ao micro-ondas

Corante para cobertura preto

48 palitos de pirulito

Base de isopor

2 bisnagas grandes

Papel-manteiga

Cortador de metal redondo

Palitos de dente

48 grãos de café cobertos de chocolate meio amargo

Caneta para decorar alimentos preta

PARA DECORAR

Coloque os bombons de bolo na geladeira, para resfriá-los.

Derreta 1,5 kg da cobertura branca na tigela de plástico, conforme as instruções da embalagem. A cobertura deve preencher cerca de 7,5 cm da tigela para facilitar o processo de imersão do bombom.

Adicione algumas gotas de corante preto à cobertura branca derretida e mexa, adicionando mais corante, uma gota por vez, se necessário, até que atinja o tom de cinza desejado.

Retire uma parte dos bombons da geladeira para aplicar a cobertura.

Mergulhe cerca de 1,5 cm da ponta de um palito de pirulito na cobertura derretida e, em seguida, insira o palito até a metade de um bombom. Mergulhe o cake pop na cobertura, deixando o excesso escorrer, como descrito na página 36.

Coloque os cake pops na base de isopor para secar.

Agora faça as orelhas. Coloque na bisnaga a cobertura cinza que não foi usada. Se necessário, reaqueça a cobertura.

Para cada coala, desenhe dois discos de 2,5 a 3 cm de diâmetro no papel-manteiga, para fazer as orelhas. Deixe secar por completo.

Use a borda do cortador para fazer um formato curvado para a orelha. O formato curvado deve ser semelhante à curva lateral do cake pop, de forma que você possa grudar a orelha sem que fique sobrando espaço.

Para grudar as orelhas, aplique com um palito de dente um pouquinho de cobertura cinza derretida na parte cortada da orelha. Grude as orelhas no cake pop e coloque na base de isopor para secar. A cobertura irá secar e funcionará como cola. Repita o procedimento até que todos os cake pops tenham orelhas.

Derreta os 500 g restantes da cobertura branca e coloque na outra bisnaga. Cuidadosamente, desenhe círculos brancos na superfície da orelha presa ao cake pop, segurando o palito de pirulito e certificando-se de que uma borda cinza fique exposta ao redor; deixe secar. Se a cobertura branca começar a pingar, é porque está muito quente. Deixe-a esfriar um pouco para que engrosse, antes de continuar.

Para o rosto, aplique com um palito de dente um pouco de cobertura cinza derretida na frente do cake pop, na posição do nariz, e grude um grão de café. Segure o grão por alguns segundos até grudar.

Faça os olhos e a boca com a caneta para decorar alimentos preta e deixe secar por completo na base de isopor.

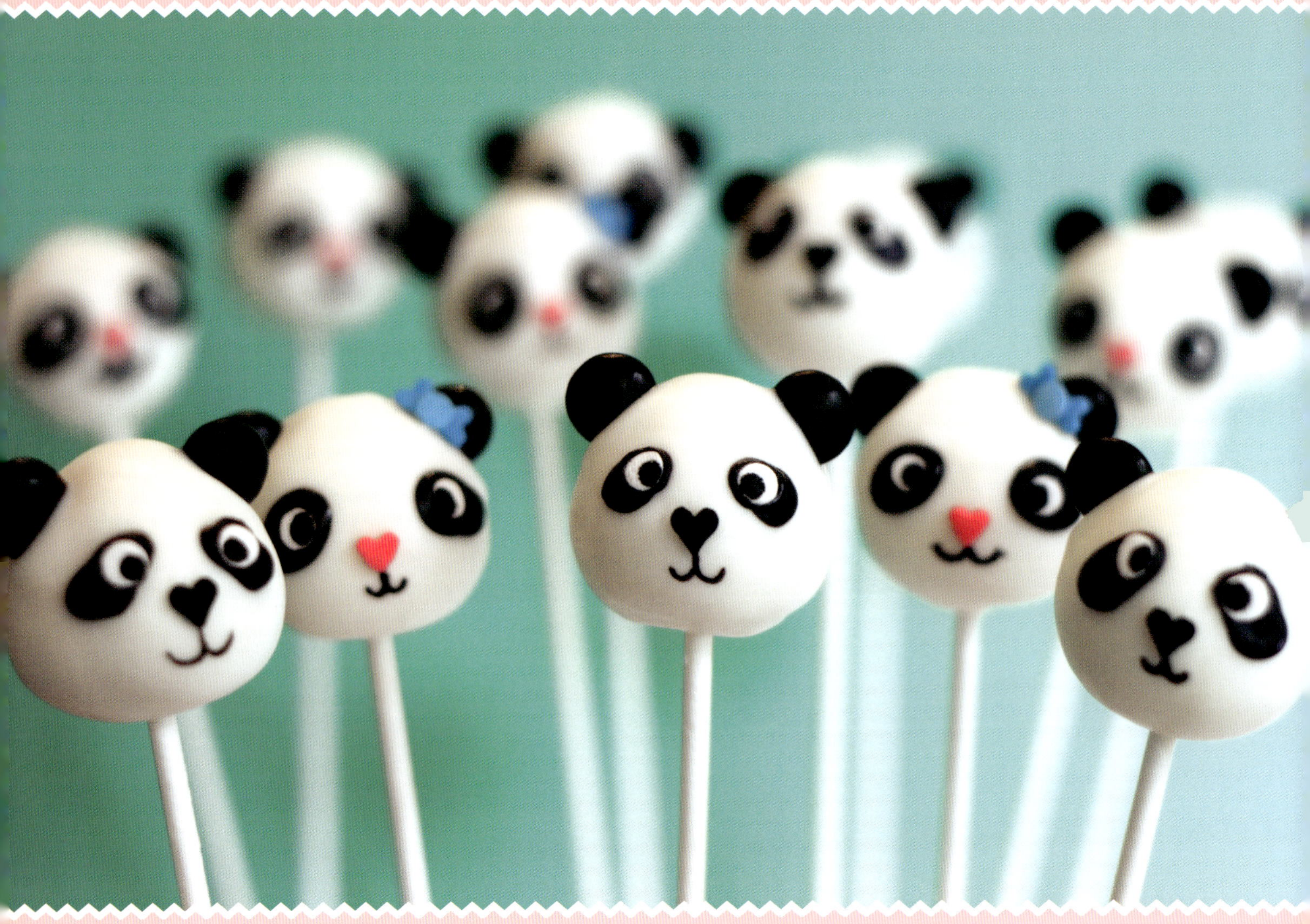

Pandas

Estes pequenos pandas são absolutamente fofos.

VOCÊ PRECISARÁ DE

48 bombons de bolo (p. 11) sem cobertura

96 M&M's® pretos

Faca pequena afiada

1,5 kg de cobertura branca

Tigela funda de plástico que possa ir ao micro-ondas

48 palitos de pirulito

Base de isopor

Palitos de dente

48 miniconfeitos de coração pretos

Bisnaga de cobertura preta para escrever

96 miniconfetes brancos

Caneta para decorar alimentos preta

Corações cor-de-rosa e azuis, e confetes azuis (opcional)

PARA DECORAR

Coloque os bombons de bolo na geladeira, para resfriá-los.

Prepare as orelhas dos pandas. Corte cerca de um terço de cada M&M® com a faca afiada e use os dois terços restantes para as orelhas. Reserve.

Derreta a cobertura branca na tigela de plástico, conforme as instruções da embalagem. A cobertura deve preencher cerca de 7,5 cm da tigela para facilitar o processo de imersão do bombom (normalmente, uso cerca de 500 g de cobertura por vez).

Retire uma parte dos bombons da geladeira para aplicar a cobertura.

Mergulhe cerca de 1,5 cm da ponta de um palito de pirulito na cobertura derretida e, em seguida, insira o palito até a metade de um bombom. Mergulhe o cake pop na cobertura, deixando o excesso escorrer, como descrito na página 36.

Enquanto a cobertura ainda está úmida, grude os M&M's® cortados na posição das orelhas. Segure por alguns segundos até que permaneçam grudados; coloque na base de isopor para secar.

Quando os cake pops estiverem secos, use um palito de dente para aplicar um pouquinho de cobertura derretida na posição do nariz, e então grude um coração preto.

Use a bisnaga de cobertura preta para aplicar cobertura próximo ao nariz, dos dois lados, na posição dos olhos. Grude dois miniconfetes brancos antes que a cobertura seque. Deixe secar por completo.

Use a caneta para decorar alimentos preta para fazer a boca e as pupilas.

Coloque os cake pops na base de isopor para secar.

Opcional: para as pandas, use um coração cor-de-rosa para fazer o nariz. Você também pode fazer um lacinho usando dois corações azuis, grudados com as pontas voltadas uma para a outra e com um miniconfete azul sobreposto às pontas no centro. Coloque cada confeito usando um palito de dente para aplicar cobertura derretida como cola.

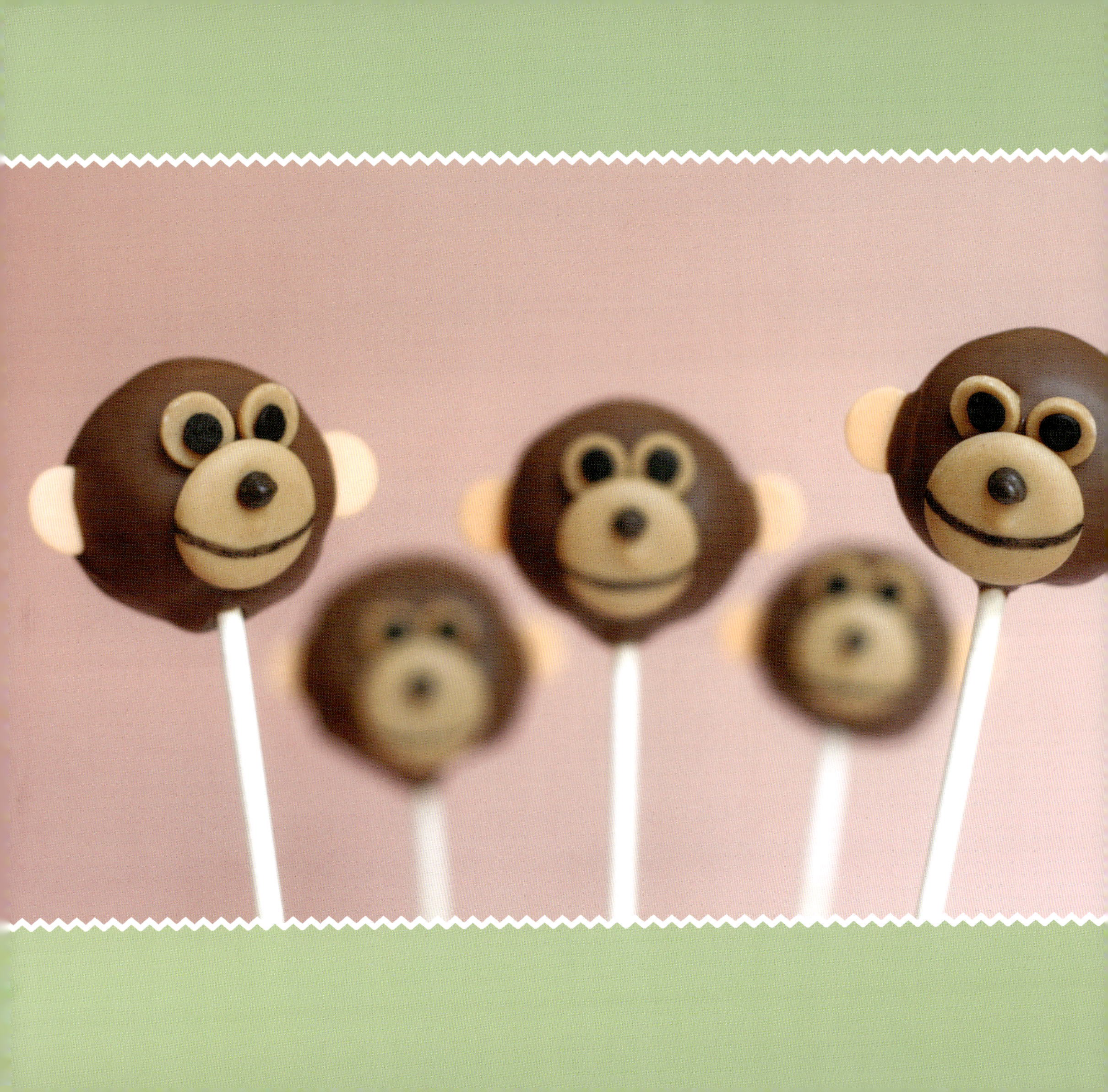

Macaquices

Use gotas de pasta de amendoim e discos de chocolate confeitados para decorar estes macaquinhos. Faça-os com bolo e glacê de chocolate. Não tem erro!

VOCÊ PRECISARÁ DE
48 bombons de bolo (p. 11) sem cobertura
1,5 kg de cobertura de chocolate
Tigela funda de plástico que possa ir ao micro-ondas
48 palitos de pirulito
96 gotas de pasta de amendoim
96 confetes grandes da cor salmão
Base de isopor
Palitos de dente
96 confetes pretos
48 discos de chocolate confeitados
48 minigotas de chocolate
Caneta para decorar alimentos preta

PARA DECORAR
Coloque os bombons de bolo na geladeira, para resfriá-los.

Derreta a cobertura de chocolate na tigela de plástico, conforme as instruções da embalagem. A cobertura deve preencher cerca de 7,5 cm da tigela para facilitar o processo de imersão do bombom (normalmente, uso cerca de 500 g de cobertura por vez).

Retire uma parte dos bombons da geladeira para aplicar a cobertura.

Mergulhe cerca de 1,5 cm da ponta de um palito de pirulito na cobertura derretida e, em seguida, insira o palito até a metade de um bombom. Mergulhe o cake pop na cobertura, deixando o excesso escorrer, como descrito na página 36.

Enquanto a cobertura ainda está úmida, insira a ponta de duas gotas de pasta de amendoim na posição dos olhos, e coloque dois confetes salmão grandes em cada lado do cake pop, na posição das orelhas. Deixe secar por completo na base de isopor.

Quando os cake pops estiverem secos, use um palito de dente para aplicar um pouquinho de cobertura derretida em cada gota de caramelo, e grude dois confetes pretos para finalizar os olhos.

Aplique cobertura derretida na parte de trás do disco de chocolate confeitado e coloque-o no cake pop, sobrepondo levemente a parte de baixo das gotas de pasta de amendoim, para criar a área da boca. Segure até que fique grudado.

Coloque na base de isopor para secar e repita o procedimento com os cake pops restantes.

Quando os cake pops estiverem secos, use um palito de dente para aplicar um pouquinho de cobertura derretida na posição do nariz, e então grude uma minigota de chocolate.

Use a caneta para decorar alimentos preta para desenhar um grande sorriso ao longo do disco de chocolate; deixe secar por completo.

Dicas

- Caso você não tenha uma tigela grande o suficiente para colocar 1,5 kg de cobertura, trabalhe em etapas, derretendo a cobertura conforme necessário. Mas tenha em mente que o tom de preto pode variar de uma etapa para outra.

- Para criar orelhas com aparência mais marcante, grude-as no cake pop antes de mergulhá-lo na cobertura. Basta colocar um pouquinho de cobertura na base de cada gota e grudá-las na posição. Deixe secar na base de isopor e, em seguida, mergulhe o cake pop inteiro já com orelhas na cobertura. Veja as corujas na página 132 como exemplo.

Gatos pretos

Use corante preto para fazer estes cake pops "miau"tíssimo misteriosos.

VOCÊ PRECISARÁ DE

48 bombons de bolo (p. 11) sem cobertura

1,5 kg de cobertura branca

Tigela funda de plástico que possa ir ao micro-ondas

Corante para cobertura preto

48 palitos de pirulito

Base de isopor

96 gotas de chocolate

Faca grande afiada

Palitos de dente

48 minigotas de chocolate confeitadas vermelhas

96 confeitos ovais amarelos ou brancos

Caneta para decorar alimentos preta

PARA DECORAR

Coloque os bombons de bolo na geladeira, para resfriá-los.

Derreta a cobertura branca na tigela de plástico, conforme as instruções da embalagem. A cobertura deve preencher cerca de 7,5 cm da tigela para facilitar o processo de imersão do bombom (normalmente, uso cerca de 500 g de cobertura por vez).

Aos poucos, adicione o corante preto à cobertura, mexendo até que ela fique no tom de preto desejado.

Retire uma parte dos bombons da geladeira para aplicar a cobertura.

Mergulhe cerca de 1,5 cm da ponta de um palito de pirulito na cobertura derretida e, em seguida, insira o palito até a metade de um bombom. Mergulhe o cake pop na cobertura, deixando o excesso escorrer, como descrito na página 36.

Deixe secar na base de isopor.

Agora, faça as orelhas. Mergulhe uma gota de chocolate por vez na cobertura preta. Retire (se preferir, use a ponta da faca para retirá-los da cobertura) e coloque duas gotas no topo de cada cake pop, na posição das orelhas. Segure-as no lugar até que permaneçam grudadas; deixe secar na base de isopor. Repita o procedimento até que todos os cake pops tenham orelhas.

Quando os cake pops estiverem secos, use um palito de dente para aplicar um pouquinho de cobertura derretida na posição do nariz, e grude duas minigotas de chocolate vermelhas. Use a mesma técnica para colocar dois confeitos ovais na posição dos olhos.

Usando uma caneta para decorar alimentos preta, desenhe uma linha vertical no centro de cada confeito oval, para finalizar os olhos. Deixe secar por completo.

nota: se preferir, use confeitos redondos para fazer os olhos.

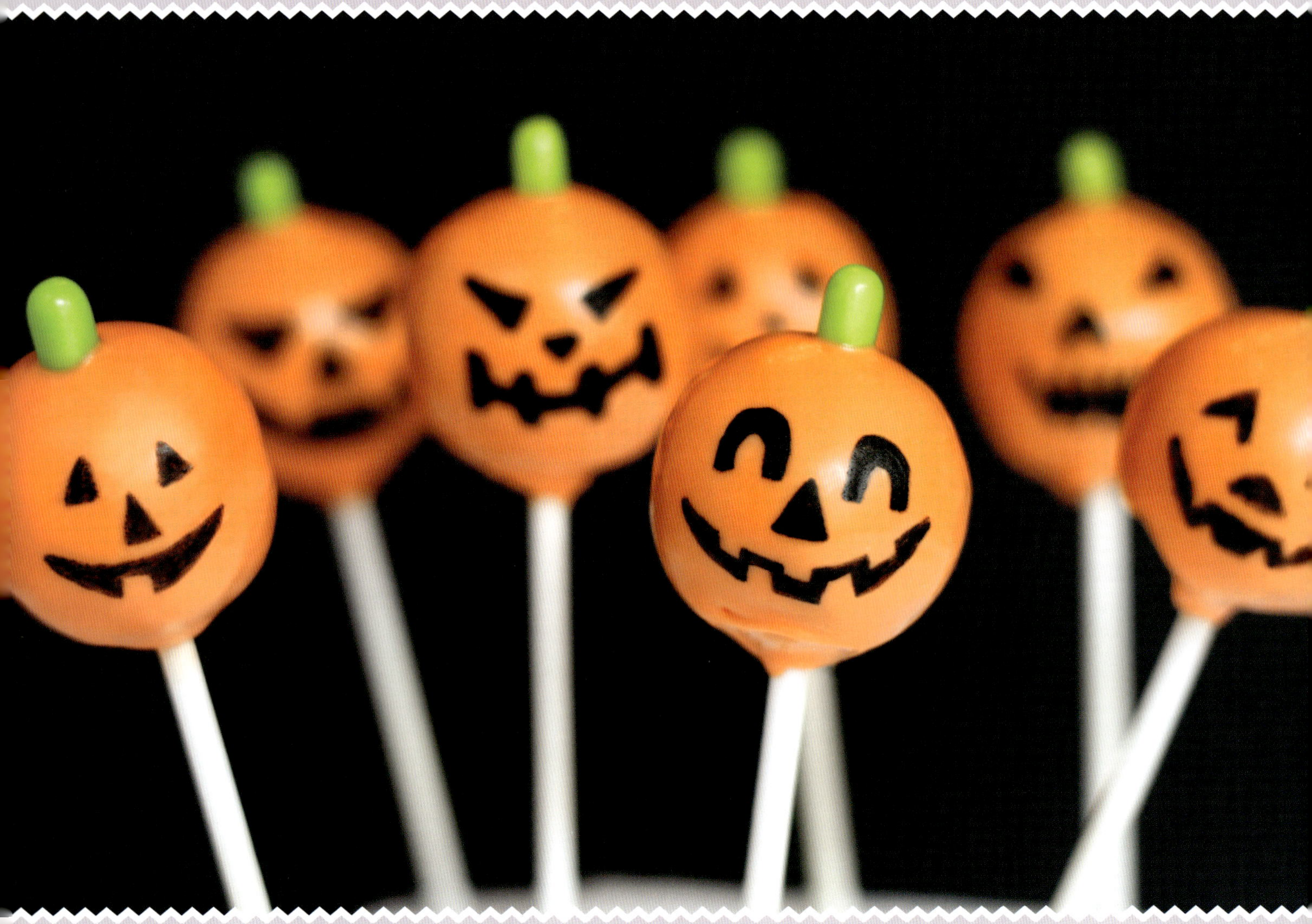

Abóboras de Halloween

Doces ou travessuras? Aqui estão algumas minitentações para comer no Halloween.

VOCÊ PRECISARÁ DE

48 bombons de bolo (p. 11) sem cobertura

1,5 kg de cobertura laranja

Tigela funda de plástico que possa ir ao micro-ondas

48 palitos de pirulito

48 pastilhas Tic Tac® verdes ou qualquer outro doce de formato semelhante

Base de isopor

Caneta para decorar alimentos preta

PARA DECORAR

Coloque os bombons de bolo na geladeira, para resfriá-los.

Derreta a cobertura laranja na tigela de plástico, conforme as instruções da embalagem. A cobertura deve preencher cerca de 7,5 cm da tigela para facilitar o processo de imersão do bombom (normalmente, uso cerca de 500 g de cobertura por vez).

Retire uma parte dos bombons da geladeira para aplicar a cobertura.

Mergulhe cerca de 1,5 cm da ponta de um palito de pirulito na cobertura derretida e, em seguida, insira o palito até a metade de um bombom. Mergulhe o cake pop na cobertura, deixando o excesso escorrer, como descrito na página 36.

Imediatamente, insira uma pastilha Tic Tac® no topo do cake pop. Segure até que fique firme; deixe secar por completo na base de isopor. Repita o procedimento até que todas as abóboras tenham cabinhos no topo.

Com a caneta para decorar alimentos preta, desenhe as carinhas das abóboras. Deixe secar por completo na base de isopor.

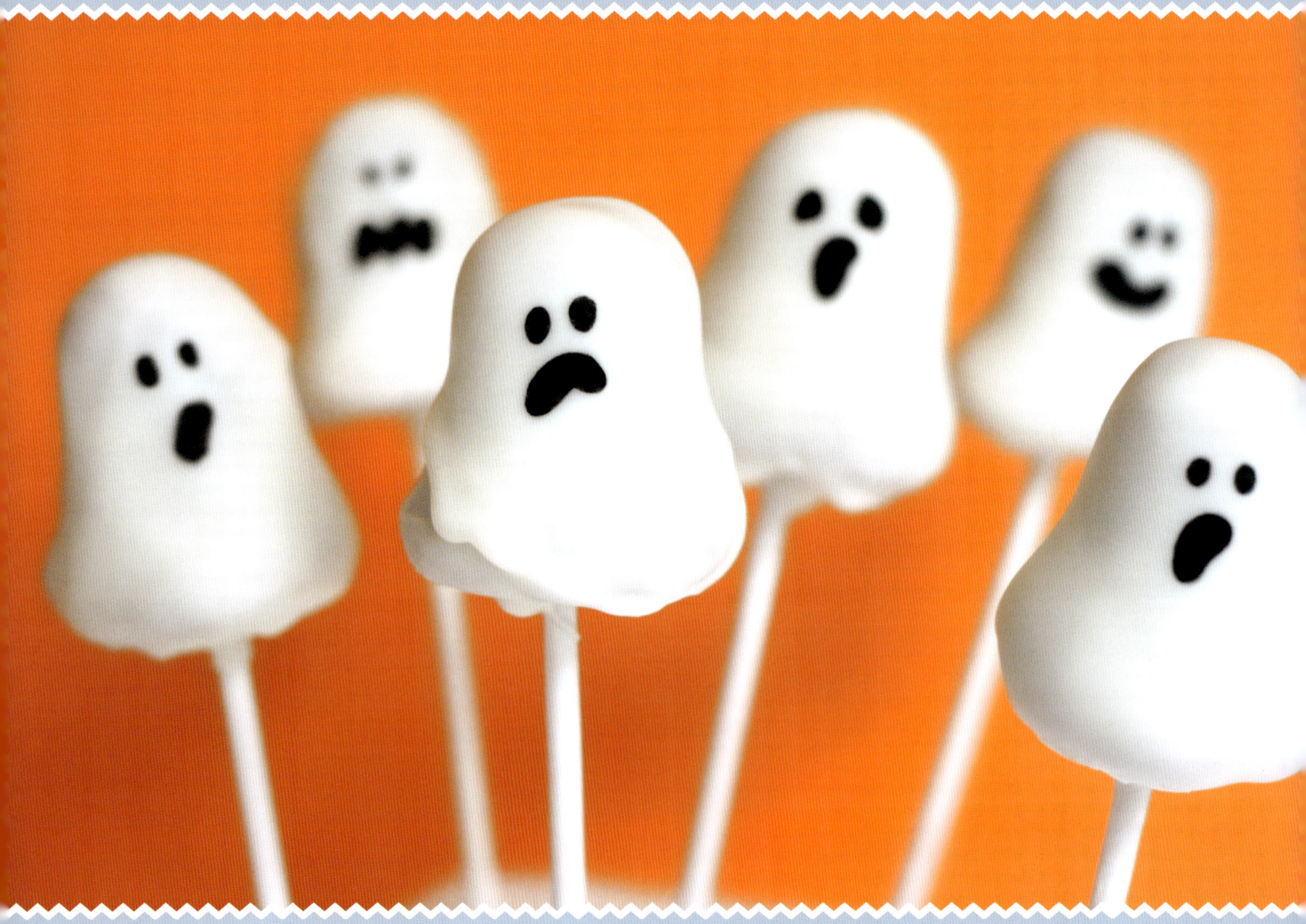

Bombons-fantasma

Divirta-se desenhando expressões engraçadas, de surpresa ou de medo nestes doces fantasminhas.

VOCÊ PRECISARÁ DE

48 bombons de bolo (p. 11) sem cobertura, em formato de sino

1,5 kg de cobertura branca

Tigela funda de plástico que possa ir ao micro-ondas

48 palitos de pirulito

Base de isopor

Caneta para decorar alimentos preta

PARA DECORAR

Coloque os bombons de bolo na geladeira, para resfriá-los.

Derreta a cobertura branca na tigela de plástico, conforme as instruções da embalagem. A cobertura deve preencher cerca de 7,5 cm da tigela para facilitar o processo de imersão do bombom (normalmente, uso cerca de 500 g de cobertura por vez).

Retire uma parte dos bombons da geladeira para aplicar a cobertura.

Mergulhe cerca de 1,5 cm da ponta de um palito de pirulito na cobertura derretida e, em seguida, insira o palito até a metade de um bombom. Mergulhe o cake pop na cobertura, deixando o excesso escorrer, como descrito na página 36.

Coloque na base de isopor para secar.

Desenhe os olhos e a boca dos fantasmas com a caneta para decorar alimentos preta. Deixe secar por completo na base de isopor.

Dica

- É possível transformar facilmente estes fantasmas em caveiras. Para isso, remodele os bombons dando-lhes um formato de crânio (pense em uma lâmpada ao moldá-los). Para finalizar, é só fazer as faces das caveiras com uma caneta para decorar alimentos preta.

Dica

- Estas bruxas não podem ser transportadas ou embrulhadas, pois seu chapéu é muito delicado. É melhor fazer estes cake pops apenas se for servi-los em uma festa de Halloween em casa.

Bruxas assustadoras

Biscoitos e guloseimas criam lindos chapéus para estas bruxinhas.

VOCÊ PRECISARÁ DE

48 bombons de bolo (p. 11) sem cobertura, em formato oval

24 biscoitos de chocolate com recheio de baunilha

Faca de mesa

1,5 kg de cobertura verde-escura

Tigela funda de plástico que possa ir ao micro-ondas

48 palitos de pirulito

48 pastilhas Tic Tac® verdes

Rodas de alcaçuz, cortadas em 192 pedaços de aproximadamente 4 cm

Base de isopor

Palitos de dente

96 confeitos granulados laranjas

48 Hershey's Kisses® de chocolate meio amargo

Caneta para decorar alimentos preta

PARA DECORAR

Coloque os bombons de bolo na geladeira, para resfriá-los.

Separe os biscoitos de chocolate e retire o recheio com a faca de mesa, de modo que você tenha 48 partes do chapéu. Reserve.

Derreta a cobertura verde na tigela de plástico, conforme as instruções da embalagem. A cobertura deve preencher cerca de 7,5 cm da tigela para facilitar o processo de imersão do bombom (normalmente, uso cerca de 500 g de cobertura por vez).

Retire uma parte dos bombons da geladeira para aplicar a cobertura.

Mergulhe cerca de 1,5 cm da ponta de um palito de pirulito na cobertura derretida e, em seguida, insira o palito até a metade de um bombom. Mergulhe o cake pop na cobertura, deixando o excesso escorrer, como descrito na página 36.

Antes que a cobertura seque, insira uma pastilha Tic Tac® na posição do nariz e uma metade do biscoito de chocolate no topo do cake pop, para fazer o chapéu. Coloque um pedaço de alcaçuz em cada lado da cabeça da bruxa, para fazer o cabelo. Segure até que permaneça grudado e, em seguida, coloque na base de isopor para secar. Caso a cobertura já esteja seca, adicione mais cobertura no cake pop para grudar os enfeites.

Quando os cake pops estiverem secos, use um palito de dente para aplicar um pouquinho de cobertura derretida na posição dos olhos, e então coloque dois granulados laranjas.

Para finalizar os chapéus, retire o papel da parte de baixo de cada Hershey's Kiss®, e use um palito de dente para aplicar um pouco de cobertura no centro do biscoito de chocolate. Coloque o Hershey's Kiss® embrulhado sobre o biscoito e deixe secar.

Desenhe a boca das bruxinhas com a caneta para decorar alimentos preta. Deixe secar por completo na base de isopor.

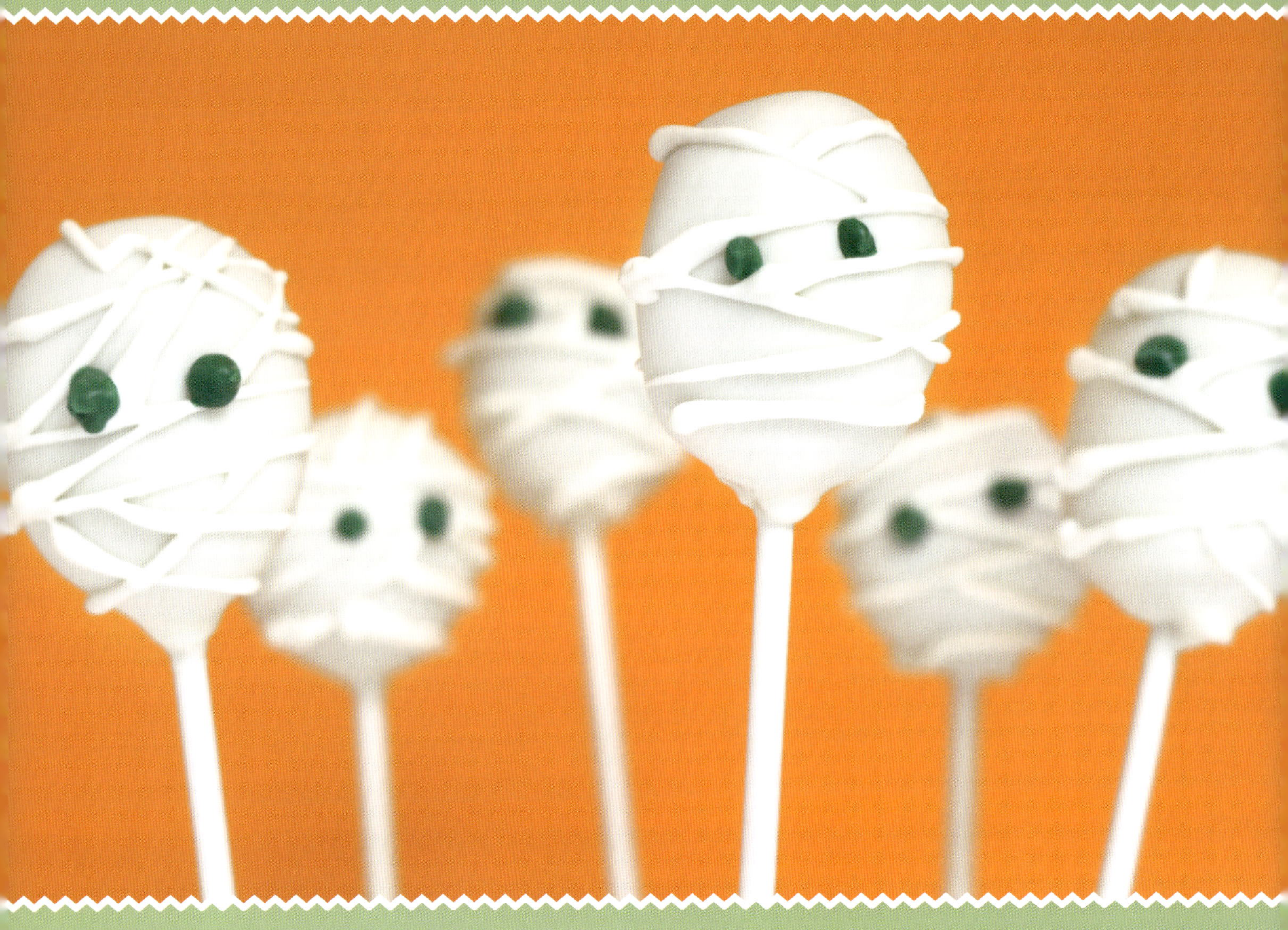

Múmias mimosas

Use uma bisnaga para aplicar cobertura branca nestas deliciosas múmias.

VOCÊ PRECISARÁ DE

48 bombons de bolo (p. 11) sem cobertura, em formato oval

2 kg de cobertura branca

Tigela funda de plástico que possa ir ao micro-ondas

48 palitos de pirulito

Base de isopor

Bisnaga grande

Bisnaga de cobertura verde para escrever

PARA DECORAR

Coloque os bombons de bolo na geladeira, para resfriá-los.

Derreta a cobertura branca na tigela de plástico, conforme as instruções da embalagem. A cobertura deve preencher cerca de 7,5 cm da tigela para facilitar o processo de imersão do bombom (normalmente, uso cerca de 500 g de cobertura por vez).

Retire uma parte dos bombons da geladeira para aplicar a cobertura.

Mergulhe cerca de 1,5 cm da ponta de um palito de pirulito na cobertura derretida e, em seguida, insira o palito até a metade de um bombom. Mergulhe o cake pop na cobertura, deixando o excesso escorrer, como descrito na página 36.

Deixe secar por completo na base de isopor.

Coloque a cobertura derretida restante na bisnaga grande e risque linhas na parte da frente de cada cake pop. Deixe secar por completo na base de isopor.

Use a bisnaga de cobertura verde para fazer dois pontinhos na frente de cada cake pop, na posição dos olhos.

Deixe secar por completo.

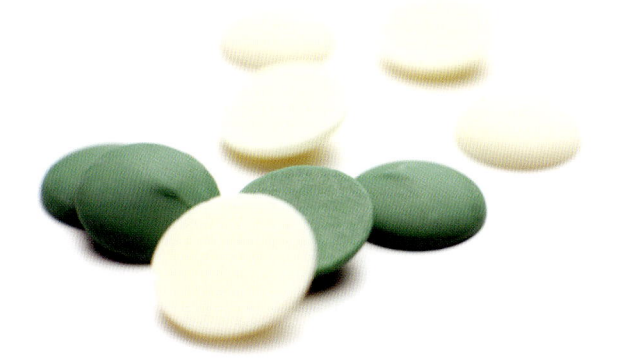

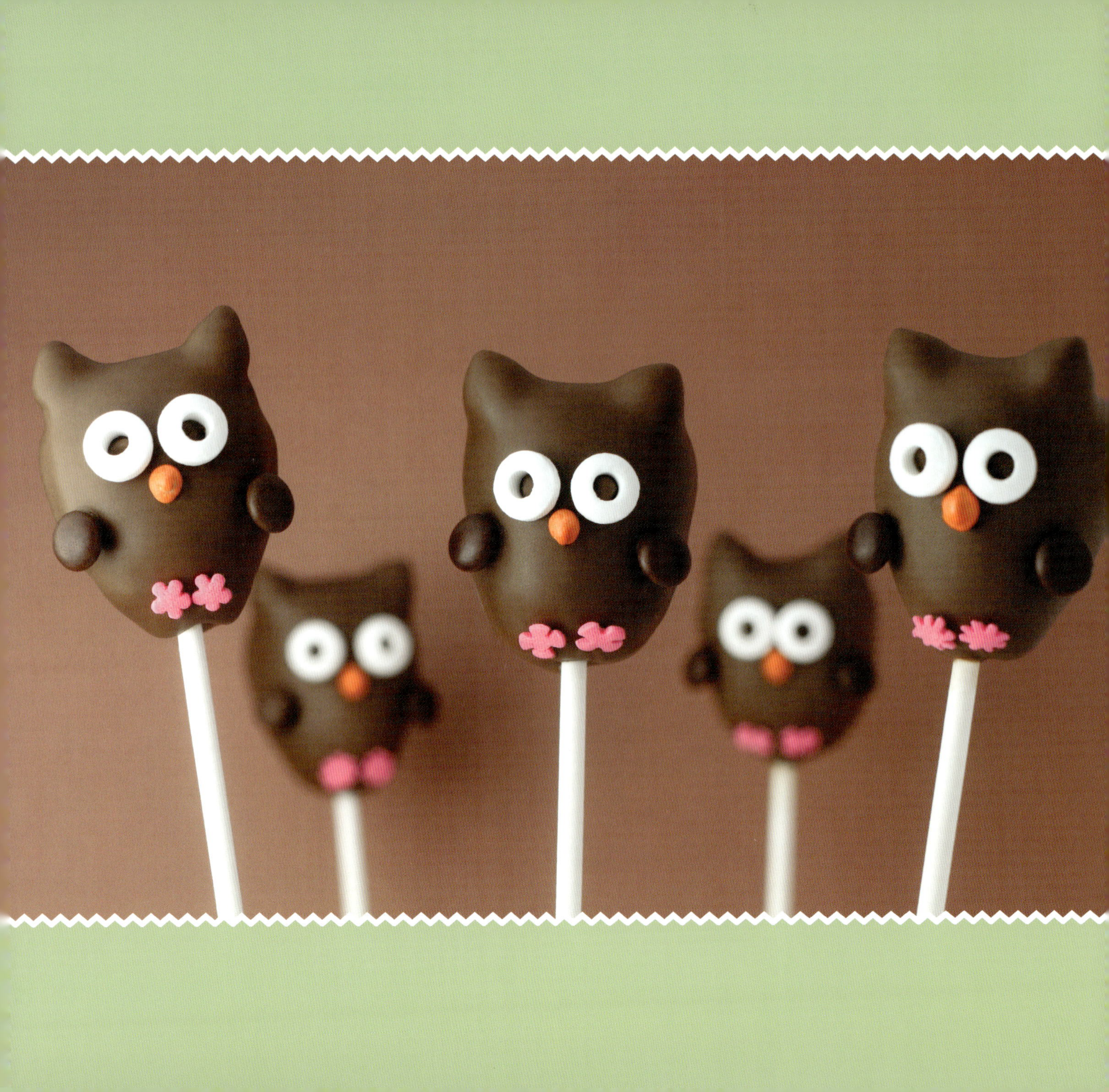

Corujinhas

Com seus grandes olhos e pés de confeito, estes cake pops nos fazem lembrar do pio da coruja.

VOCÊ PRECISARÁ DE

48 bombons de bolo (p. 11) sem cobertura, em formato triangular arredondado

1,5 kg de cobertura de chocolate

Tigela funda de plástico que possa ir ao micro-ondas

48 palitos de pirulito

96 gotas de chocolate

Base de isopor

Palitos de dente

96 pastilhas brancas de um colar de balas

48 minigotas de chocolate confeitadas laranjas

96 confeitos pequenos de flor cor-de-rosa

96 mini M&M's® marrons

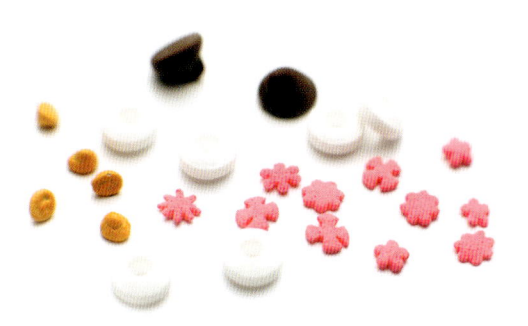

PARA DECORAR

Coloque os bombons de bolo na geladeira, para resfriá-los.

Derreta a cobertura de chocolate na tigela de plástico, conforme as instruções da embalagem. A cobertura deve preencher cerca de 7,5 cm da tigela para facilitar o processo de imersão do bombom (normalmente, uso cerca de 500 g de cobertura por vez).

Retire uma parte dos bombons da geladeira para aplicar a cobertura.

Mergulhe cerca de 1,5 cm da ponta de um palito de pirulito na cobertura derretida e, em seguida, insira o palito na ponta do bombom, até a sua metade. Mergulhe a base de duas gotas de chocolate na cobertura derretida, e coloque-as no topo dos cake pops, para fazer as orelhas. Coloque na base de isopor para secar.

Mergulhe os cake pops na cobertura derretida, como descrito na página 36. Certifique-se de que haja cobertura suficiente na tigela para cobrir todo o cake pop (com as orelhas) em um único mergulho. Retire o cake pop da cobertura e deixe o excesso escorrer.

Coloque na base de isopor para secar.

Quando os cake pops estiverem secos, use um palito de dente para aplicar um pouquinho de cobertura derretida na posição dos olhos, e então grude duas pastilhas brancas de um colar de balas.

Usando a mesma técnica, coloque cobertura na posição do bico para grudar uma minigota de chocolate laranja. Em seguida, coloque dois confeitos pequenos de flor cor-de-rosa na posição dos pés e dois mini M&M's® marrons na posição das asas.

Deixe secar por completo na base de isopor.

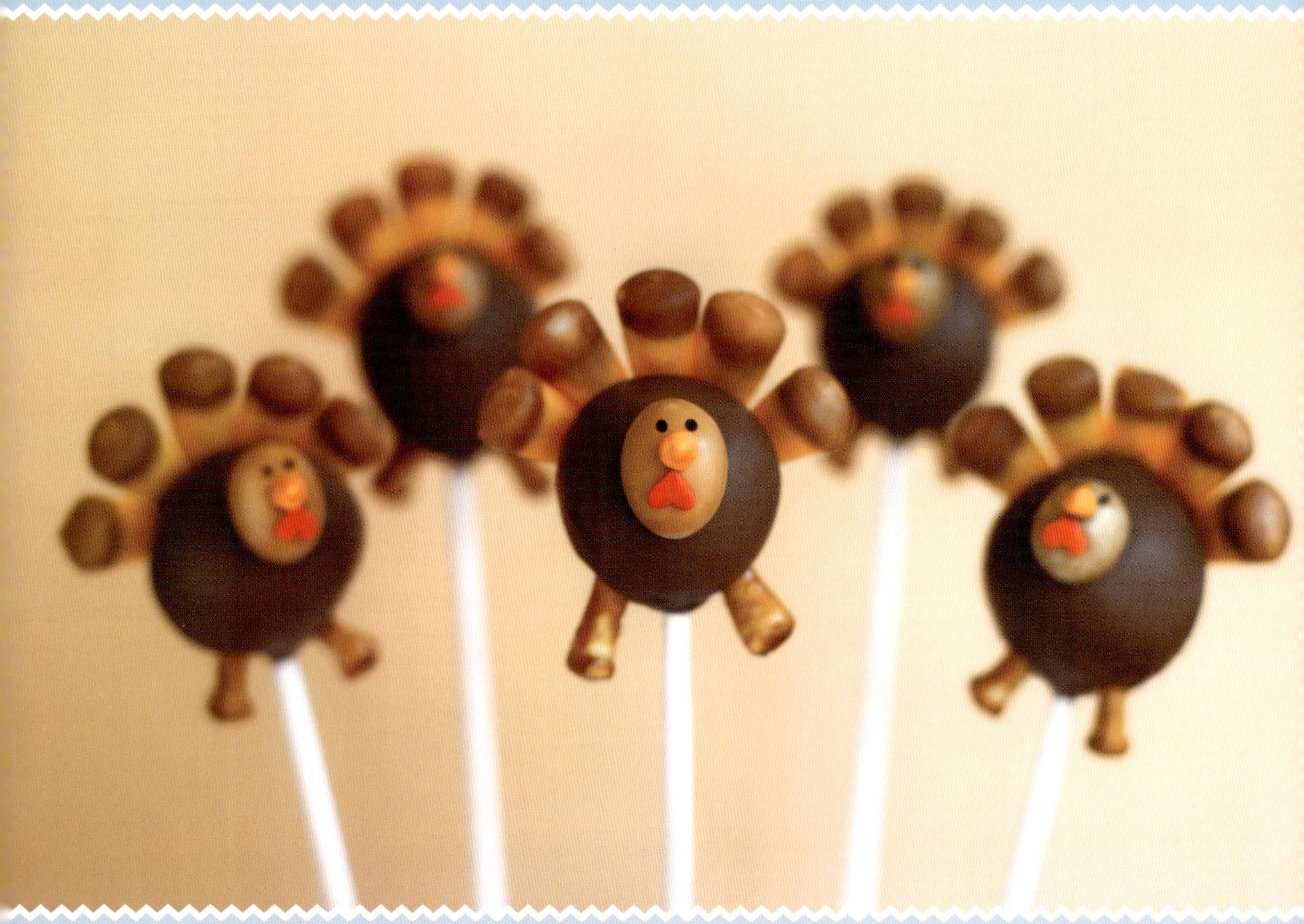

Perus festivos

Sirva estes perus nas festas de final de ano. Os convidados irão saboreá-los rapidamente.

VOCÊ PRECISARÁ DE

48 bombons de bolo (p. 11) sem cobertura

1,5 kg de cobertura de chocolate

Tigela funda de plástico que possa ir ao micro-ondas

48 palitos de pirulito

48 pretzels em palitinhos (Stiksy®), cortados ao meio

Base de isopor

240 *caramel candy corn* (cerca de 400 g)

Palitos de dente

48 grãos de café confeitados (marrom-claro)

48 minigotas de chocolate confeitadas laranjas

48 miniconfeitos de coração vermelhos

Caneta para decorar alimentos preta

PARA DECORAR

Coloque os bombons de bolo na geladeira, para resfriá-los.

Derreta a cobertura de chocolate na tigela de plástico, conforme as instruções da embalagem. A cobertura deve preencher cerca de 7,5 cm da tigela para facilitar o processo de imersão do bombom (normalmente, uso cerca de 500 g de cobertura por vez).

Retire uma parte dos bombons da geladeira para aplicar a cobertura.

Mergulhe cerca de 1,5 cm da ponta de um palito de pirulito na cobertura derretida e, em seguida, insira-o até a metade de um bombom. Mergulhe o cake pop na cobertura, deixando o excesso escorrer, como descrito na página 36.

Imediatamente, insira a ponta de dois pedaços de pretzel em palitinhos na parte de baixo do peru, nos dois lados do palito de pirulito, na posição das patas. Segure até que fiquem firmes. Repita o procedimento até que todos os cake pops tenham patas. Deixe secar por completo na base de isopor.

Mergulhe a ponta de cinco *candy corn* na cobertura derretida restante e insira-os na parte de trás de cada cake pop, na posição das plumas. Segure até que fiquem firmes. Repita o procedimento em todos os outros. Deixe secar por completo na base de isopor.

Usando um palito de dente, aplique um pouquinho de cobertura na parte superior da frente do cake pop, para grudar um grão de café. Segure até que permaneça grudado. Repita o procedimento com todos os cake pops e, depois, deixe secar por completo.

Após secar, use um palito de dente para aplicar um pouco de cobertura no grão de café, na posição do bico, e então grude uma minigota de chocolate laranja. Use a mesma técnica para colocar um miniconfeito de coração vermelho embaixo do bico, na posição do papo. Repita o procedimento com todos os outros e, depois, deixe secar por completo na base de isopor.

Com a caneta para decorar alimentos preta, desenhe os olhos no grão de café. Deixe secar por completo.

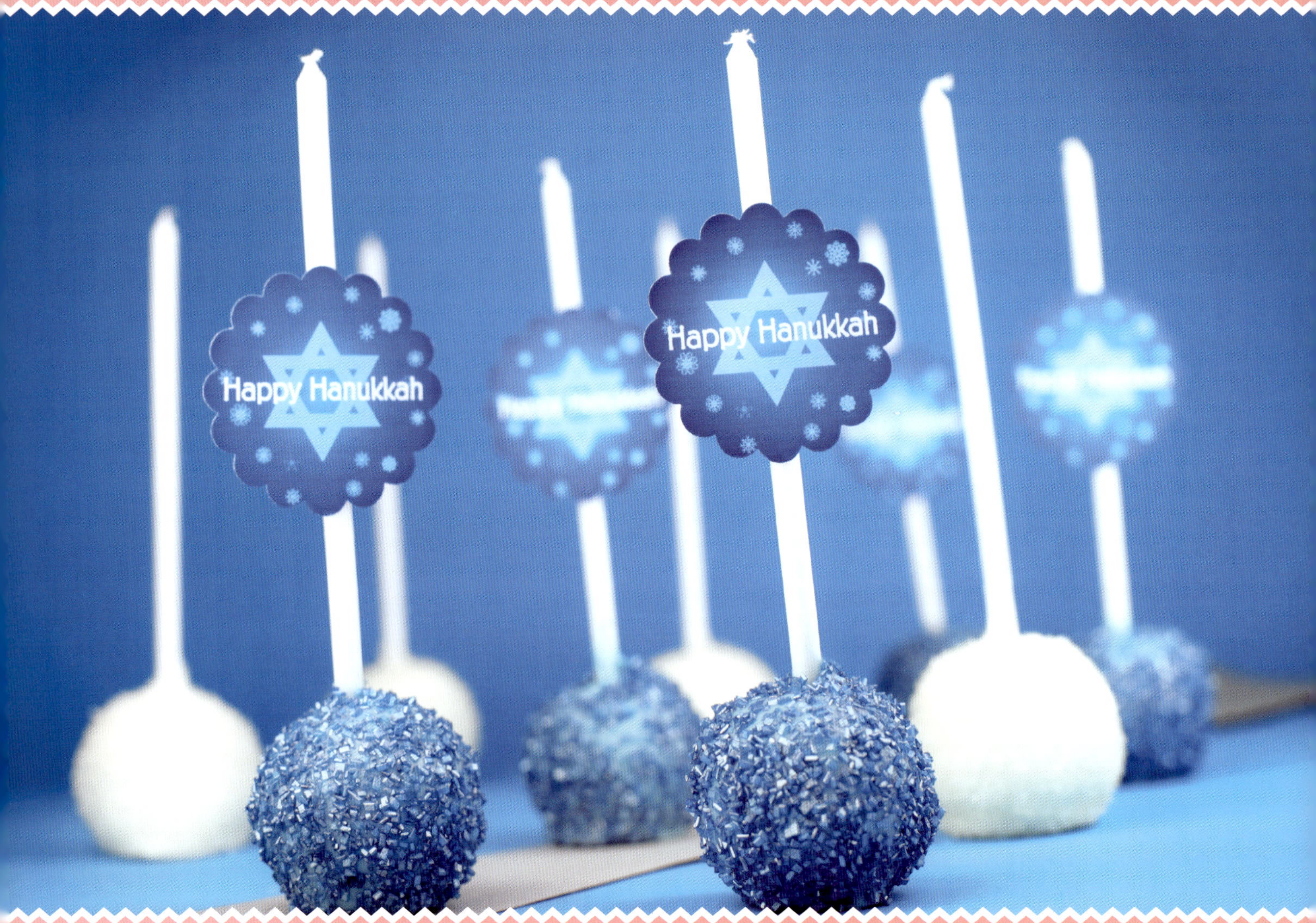
Happy Hanukkah
Happy Hanukkah

Chanucá: Festival das Luzes

As velas e as cores deixarão a noite brilhante. Acrescente um tag decorativo para obter um design diferenciado.

VOCÊ PRECISARÁ DE

48 bombons de bolo (p. 11) sem cobertura

700 g de cobertura branca

2 tigelas fundas de plástico que possam ir ao micro-ondas

48 velas de cera branca de 15 cm de comprimento ou palitos de pirulito

Açúcar cristal branco

2 tigelas grandes

Papel-manteiga

Assadeira rasa

700 g de cobertura azul-clara

Açúcar cristal azul

PARA DECORAR

Coloque os bombons de bolo na geladeira, para resfriá-los.

Derreta a cobertura branca na tigela de plástico, conforme as instruções da embalagem. A cobertura deve preencher cerca de 7,5 cm da tigela para facilitar o processo de imersão do bombom (normalmente, uso cerca de 500 g de cobertura por vez).

Retire uma parte dos bombons da geladeira para aplicar a cobertura.

Mergulhe cerca de 1,5 cm da ponta de uma vela na cobertura derretida e, em seguida, insira a vela até a metade de um bombom. Mergulhe o cake pop na cobertura, deixando o excesso escorrer, como descrito na página 36. Segure a vela na parte que fica próxima ao bombom, senão ela pode quebrar.

Imediatamente, espalhe açúcar cristal branco em cada cake pop, até que fiquem completamente cobertos de açúcar. Ao espalhar o açúcar pelo cake pop, faça isso sobre uma tigela grande, de modo que você possa reutilizar o açúcar que cair.

Coloque os cake pops, com o bombom para baixo, na assadeira forrada com papel-manteiga; deixe secar por completo.

Repita o procedimento com os cake pops restantes, usando a cobertura e o açúcar cristal azuis.

Deixe secar por completo.

nota: para apresentação, coloque tags decorativos, usando fita adesiva. Mas lembre-se de removê-los quando for acender as velas. Você pode encontrar essas etiquetas no meu site, www.bakerella.com/tags.

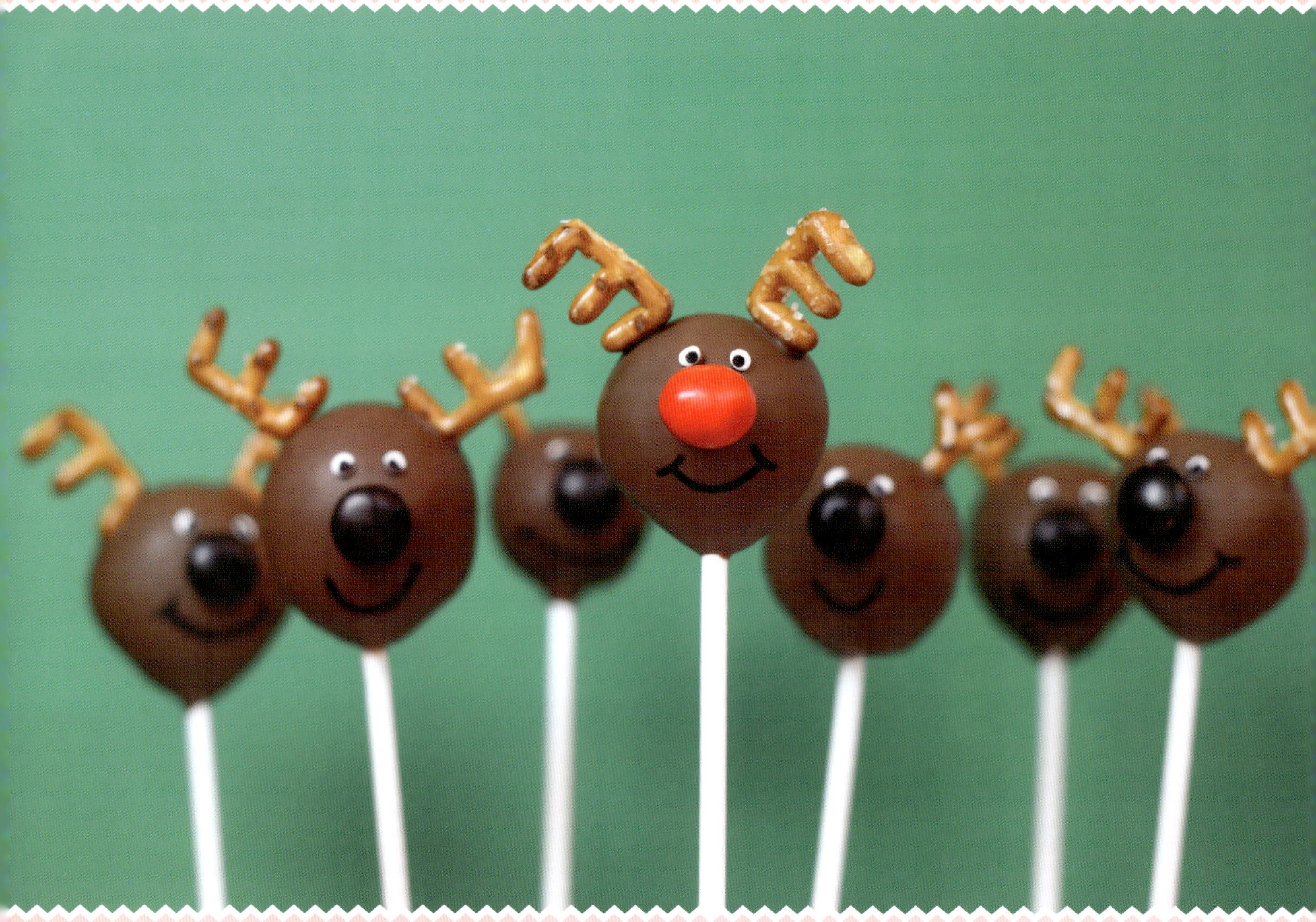

Renas risonhas

Biscoitinhos de pretzels fazem lindos chifres de rena. Complete o visual com M&M's® vermelhos ou marrons, para o nariz.

VOCÊ PRECISARÁ DE

48 bombons de bolo (p. 11) sem cobertura

1,5 kg de cobertura de chocolate

Tigela funda de plástico que possa ir ao micro-ondas

48 palitos de pirulito

96 pretzels em formato de letras do alfabeto (E, F e Y)

Base de isopor

Palitos de dente

48 M&M's® de chocolate marrons ou de amendoim vermelhos

96 miniconfetes brancos

Caneta para decorar alimentos preta

PARA DECORAR

Coloque os bombons de bolo na geladeira, para resfriá-los.

Derreta a cobertura de chocolate na tigela de plástico, conforme as instruções da embalagem. A cobertura deve preencher cerca de 7,5 cm da tigela para facilitar o processo de imersão do bombom (normalmente, uso cerca de 500 g de cobertura por vez).

Retire uma parte dos bombons da geladeira para aplicar a cobertura.

Um de cada vez, mergulhe cerca de 1,5 cm da ponta de um palito de pirulito na cobertura derretida e, em seguida, insira o palito até a metade de um bombom. Mergulhe o cake pop na cobertura, deixando o excesso escorrer, como descrito na página 36.

Imediatamente, insira dois pretzels, um em cada lado da cabeça da rena, para formar os chifres. Segure-os até que fiquem firmes; em seguida, deixe secar por completo na base de isopor.

Use um palito de dente para aplicar um pouquinho de cobertura derretida na posição do nariz, e então coloque um M&M® marrom ou vermelho. Segure-o até que permaneça grudado.

Use um palito de dente para aplicar um pouquinho de cobertura derretida na posição dos olhos, e então grude dois miniconfetes brancos. Deixe secar por completo na base de isopor.

Com a caneta para decorar alimentos preta, desenhe a boca e as pupilas das renas. Deixe secar por completo.

Dicas

- Para fazer um par de chifres, você também pode usar biscoitos pretzels em formato tradicional e quebrá-los ao meio.

- Os chifres são delicados, por isso tenha cuidado ao transportar estes cake pops.

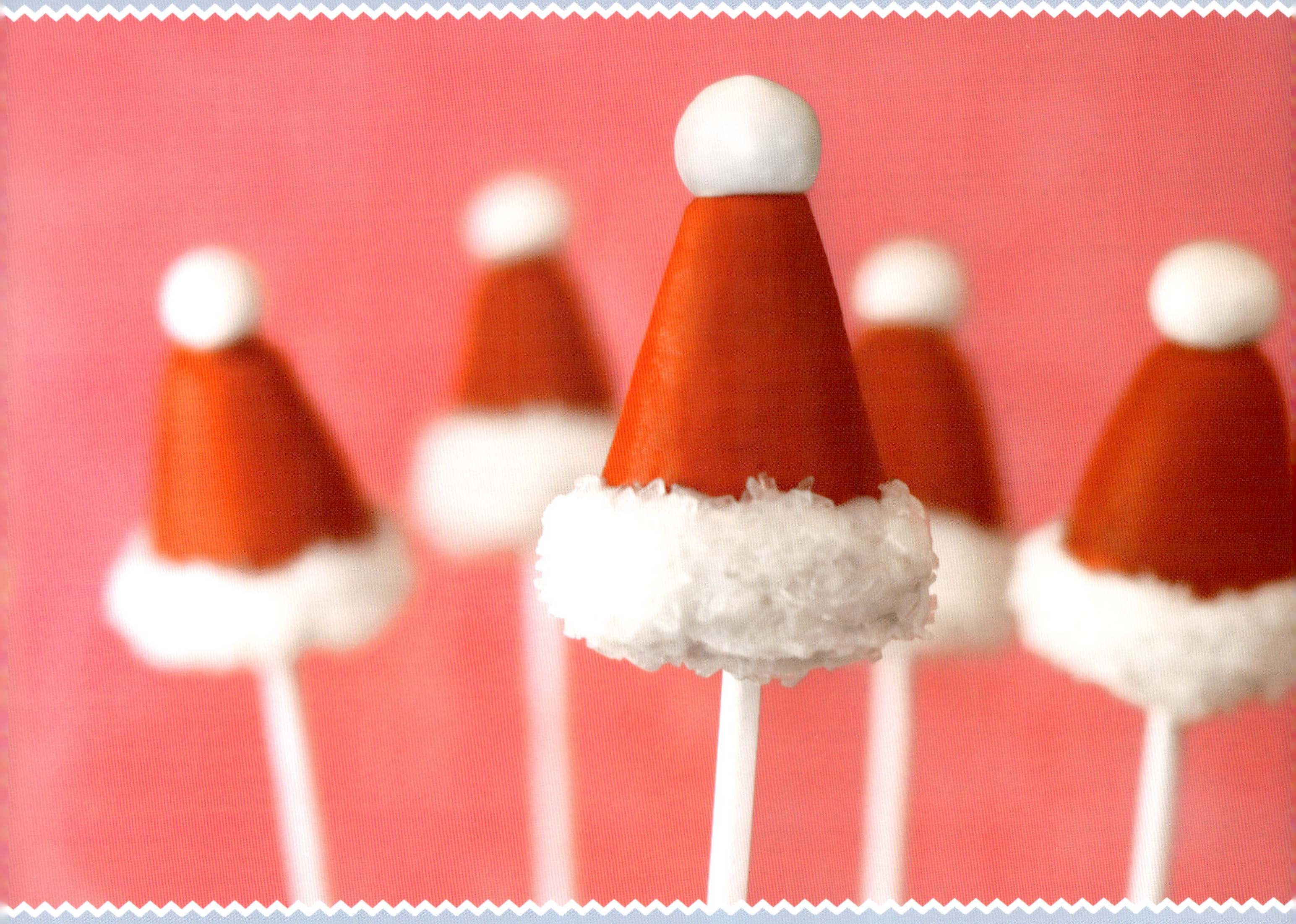

Gorros de Papai Noel

Estes gorros de Papai Noel são pequenas delícias para a mesa de Natal.

VOCÊ PRECISARÁ DE

48 bombons de bolo (p. 11) sem cobertura, em formato de cone

500 g de cobertura branca

2 tigelas fundas de plástico que possam ir ao micro-ondas

48 palitos de pirulito

Base de isopor

1,5 kg de cobertura vermelha

48 grãos de café cobertos de chocolate branco

Açúcar cristal branco

Dica

- Amendoins confeitados e gomas de mascar brancos também podem ser usados no topo do gorro.

PARA DECORAR

Coloque os bombons de bolo na geladeira, para resfriá-los.

Derreta a cobertura branca na tigela de plástico, conforme as instruções da embalagem.

Retire uma parte dos bombons da geladeira para aplicar a cobertura.

Segure o gorro pela ponta e mergulhe a base na cobertura branca derretida, cobrindo cerca de um terço dele. Os dois terços restantes devem ficar expostos. Insira um palito de pirulito na base plana do bombom e coloque-o na base de isopor para secar.

Derreta a cobertura vermelha na outra tigela de plástico. A cobertura deve preencher cerca de 7,5 cm da tigela para facilitar o processo de imersão do bombom (normalmente, uso cerca de 500 g de cobertura por vez). Mergulhe o topo dos gorros na cobertura vermelha, até que atinja a borda da cobertura branca.

Coloque um grão de café no topo do gorro, antes que a cobertura endureça, e deixe secar por completo na base de isopor.

Quando os cake pops estiverem secos, gire e remova gentilmente o palito de pirulito. Segurando o gorro pela ponta, mergulhe novamente a base na cobertura branca derretida, para formar uma camada mais grossa na base. Em seguida, mergulhe cerca de 1,5 cm da ponta do palito de pirulito na cobertura derretida, e insira-o novamente na base do gorro. Espalhe açúcar cristal branco por toda a cobertura branca, depois deixe secar por completo na base de isopor.

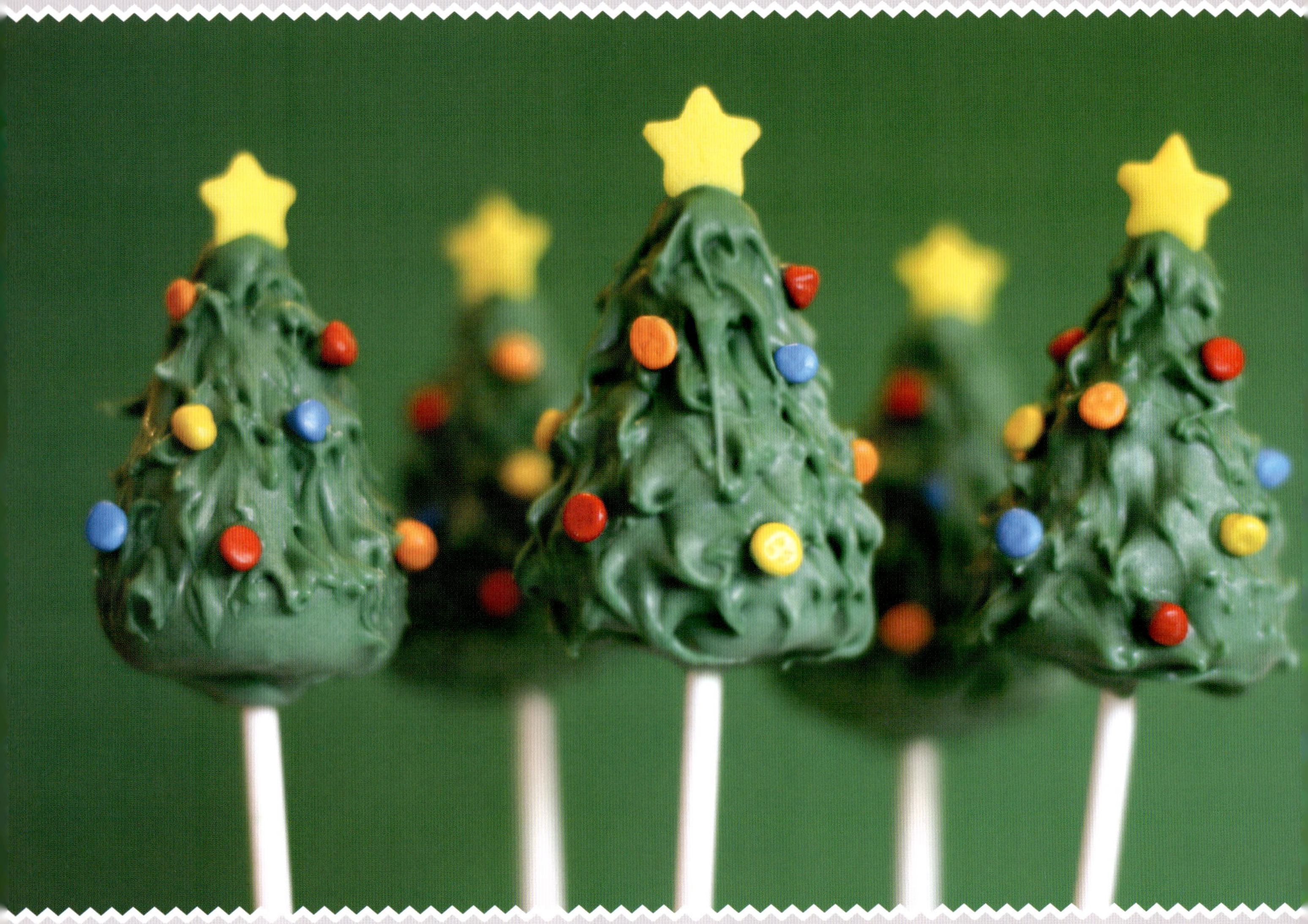

Árvores de Natal

Use minigotas de chocolate confeitadas para decorar estas lindas árvores de Natal. Decore o topo com um confeito grande de estrela.

VOCÊ PRECISARÁ DE

48 bombons de bolo (p. 11) sem cobertura, em formato de cone

1,5 kg de cobertura verde-escura

Tigela funda de plástico que possa ir ao micro-ondas

48 palitos de pirulito

Palitos de dente

48 confeitos grandes de estrela amarelos

Base de isopor

Minigotas de chocolate confeitadas em diversas cores

PARA DECORAR

Coloque os bombons de bolo na geladeira, para resfriá-los.

Derreta a cobertura verde na tigela de plástico, conforme as instruções da embalagem. Certifique-se de que haja cobertura suficiente para cobrir todo o cake pop em um único mergulho.

Retire uma parte dos bombons da geladeira para aplicar a cobertura.

Um de cada vez, mergulhe cerca de 1,5 cm da ponta de um palito de pirulito na cobertura derretida e, em seguida, insira-o na base plana do bombom, até a sua metade. Mergulhe o cake pop na cobertura, deixando o excesso escorrer, como descrito na página 36.

Antes que a cobertura seque, use um palito de dente para arrastar gentilmente o palito pela cobertura, criando relevos. Apenas encoste o palito de dente na cobertura derretida e depois desencoste-o do cake pop; faça isso várias vezes. O palito também pode ser usado para aplicar mais cobertura no cake pop, se necessário. Em seguida, coloque um confeito de estrela no topo da árvore.

Deixe secar por completo na base de isopor.

Quando as árvores estiverem secas, use um palito de dente para aplicar pontinhos de cobertura verde derretida na árvore, nos locais onde você quer colocar os enfeites; então, grude as minigotas de chocolate confeitadas.

Deixe secar por completo na base de isopor.

Dica

- Se não quiser fazer os relevos, descarte o palito de dente e simplesmente coloque as minigotas de chocolate confeitadas na superfície lisa da árvore.

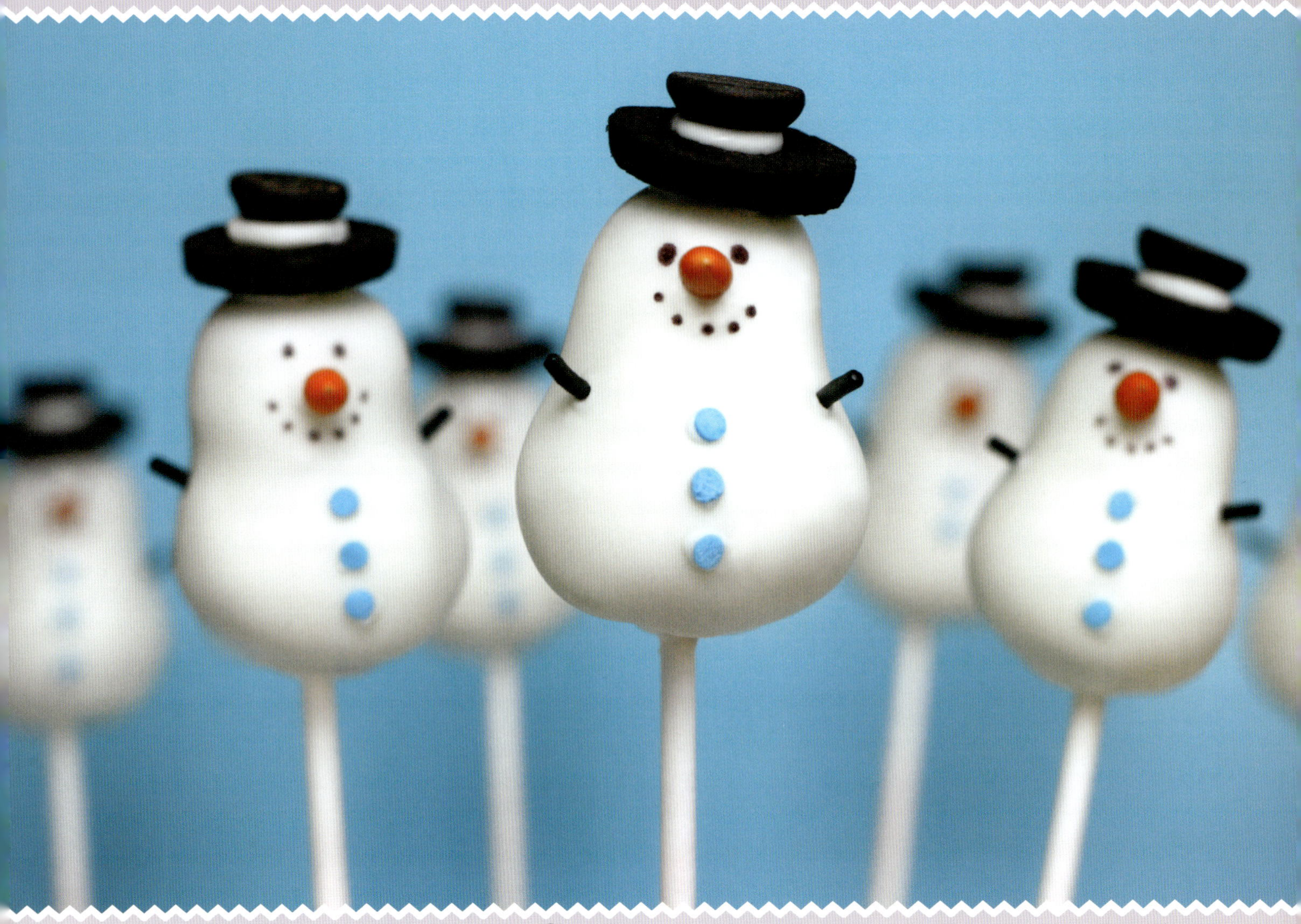

Doces bonecos de neve

Use estas alegres delícias para aquecer os corações no inverno.

VOCÊ PRECISARÁ DE

48 bombons de bolo (p. 11) sem cobertura, em formato de pera

1,5 kg de cobertura branca

Tigela funda de plástico que possa ir ao micro-ondas

48 palitos de pirulito

48 sementes de girassol confeitadas laranjas

96 confeitos granulados marrons

Base de isopor

Palitos de dente

144 miniconfetes azuis

Caneta para decorar alimentos preta

Bisnaga pequena

48 rosquinhas de chocolate

48 gotas de chocolate meio amargo grandes

PARA DECORAR

Coloque os bombons de bolo na geladeira, para resfriá-los. Derreta a cobertura branca na tigela de plástico, conforme as instruções da embalagem. A cobertura deve preencher cerca de 7,5 cm da tigela para facilitar o processo de imersão do bombom (normalmente, uso cerca de 500 g de cobertura por vez).

Retire uma parte dos bombons da geladeira para aplicar a cobertura.

Um de cada vez, mergulhe cerca de 1,5 cm da ponta de um palito de pirulito na cobertura derretida e, em seguida, insira-o na base do corpo do boneco de neve, até a sua metade. Mergulhe o cake pop na cobertura, deixando o excesso escorrer, como descrito na página 36.

Enquanto a cobertura ainda está úmida, coloque uma semente de girassol na posição do nariz e dois granulados marrons na posição dos braços. Segure-os até que fiquem firmes; depois, coloque os bombons na base de isopor para secar. Repita o procedimento até que todos os bonecos tenham nariz e braços.

Quando os cake pops estiverem secos, use um palito de dente para aplicar um pouco de cobertura derretida na posição dos botões, e então grude três miniconfetes azuis em cada boneco de neve.

Com a caneta para decorar alimentos preta, faça os olhos e um sorriso formado por vários pontinhos. Deixe secar por completo na base de isopor.

Despeje a cobertura derretida restante na bisnaga. Aperte-a levemente para colocar um pouco de cobertura no topo da cabeça do boneco de neve. Coloque uma rosquinha. Aperte novamente a bisnaga para colocar um pouco de cobertura no centro da rosquinha, e então encaixe uma gota de chocolate, com a ponta voltada para baixo. À medida que você empurrar a gota, a cobertura subirá pelas laterais, criando um arco branco no chapéu.

Deixe secar por completo na base de isopor.

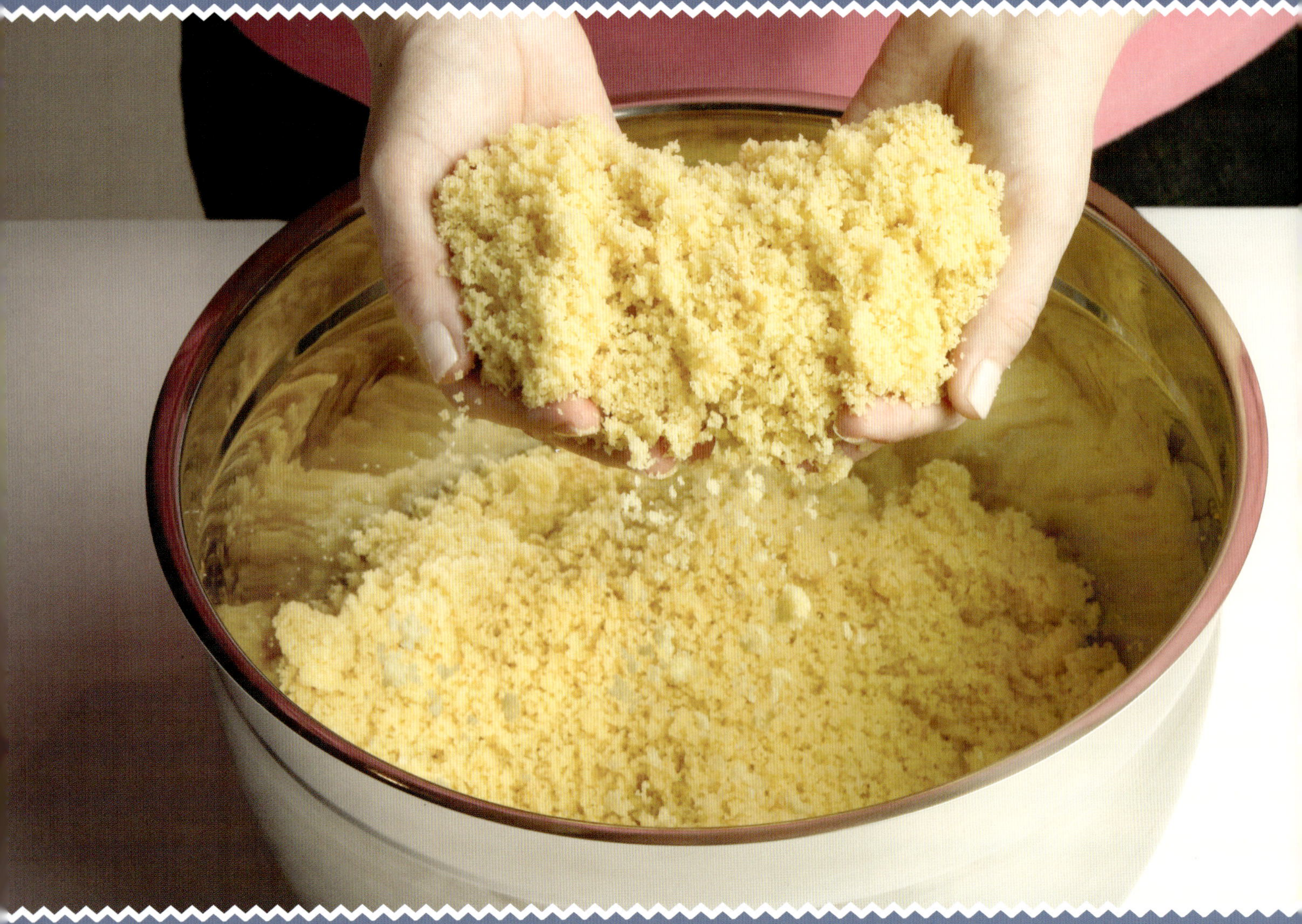

Receitas de bolos e glacês

É uma excelente ideia começar a fazer os cake pops com mistura para bolo e glacê prontos. Os resultados são seguros, e não haverá dúvida se a sua receita caseira de bolo fornece a quantidade suficiente para acompanhar sua receita, também caseira, de glacê. As proporções são perfeitas. As misturas prontas para bolo são consistentes, por isso gosto de usá-las para fazer cake pops. Mas caso você deseje aperfeiçoar seus dotes culinários, encontrará aqui algumas receitas básicas para começar. Elas rendem cerca de 60 bombons de bolo ou cake pops. Use-as com uma das receitas de glacê para manter uma boa proporção bolo/glacê. Mas também sinta-se à vontade para usar suas próprias receitas.

Receitas de bolo

BOLO AMARELO

3 xícaras de farinha de trigo (niveladas)

2 colheres (chá) de fermento químico em pó

½ colher (chá) de sal

1 xícara de manteiga à temperatura ambiente

2 xícaras de açúcar

4 ovos à temperatura ambiente

2 colheres (chá) de essência de baunilha

1 xícara de leite à temperatura ambiente

Preaqueça o forno a 180ºC. Unte com manteiga e farinha uma forma de bolo de aproximadamente 22 x 33 cm.

Em uma tigela grande, misture a farinha, o fermento e o sal. Reserve.

Bata a manteiga e o açúcar com uma batedeira elétrica, por 5 minutos, até que a mistura fique leve e fofa.

Adicione os ovos, um por vez, ao creme de açúcar e manteiga, mexendo até que fique homogêneo. Raspe as laterais da tigela após cada ovo adicionado. Acrescente a essência de baunilha e mexa bem.

Adicione a mistura de farinha, um terço por vez, alternando com o leite em duas adições (o processo começará e terminará com a mistura de farinha).

Espalhe a massa (que deve estar pesada) de maneira uniforme pela assadeira untada.

Asse por 35 a 40 minutos, ou até que um palito de dente saia limpo ao ser inserido no centro do bolo.

Deixe o bolo esfriar por completo antes de esfarelá-lo para fazer os bombons.

BOLO DE CHOCOLATE

2½ xícaras de farinha de trigo (niveladas)

1 xícara de cacau em pó sem açúcar

1 colher (chá) de bicarbonato de sódio

2 colheres (chá) de fermento químico em pó

½ colher (chá) de sal

1 xícara de manteiga à temperatura ambiente

2 xícaras de açúcar

3 ovos à temperatura ambiente

1 colher (chá) de essência de baunilha

1½ xícara de leite à temperatura ambiente

Preaqueça o forno a 180ºC. Unte com manteiga e farinha uma assadeira de bolo de aproximadamente 22 x 33 cm.

Em uma tigela grande, misture a farinha, o cacau, o bicarbonato de sódio, o fermento e o sal. Reserve.

Bata a manteiga e o açúcar com uma batedeira elétrica, por 5 minutos, até que a mistura fique leve e fofa.

Adicione os ovos, um por vez, ao creme de açúcar e manteiga, mexendo até que fique homogêneo. Raspe as laterais da tigela após cada ovo adicionado. Acrescente a essência de baunilha e mexa bem.

Adicione a mistura de farinha, um terço por vez, alternando com o leite em duas adições (o processo começará e terminará com a mistura de farinha).

Espalhe a massa (que deve estar pesada) de maneira uniforme pela assadeira untada.

Asse por 35 a 40 minutos, ou até que um palito de dente saia limpo ao ser inserido no centro do bolo.

Deixe o bolo esfriar por completo antes de esfarelá-lo para fazer os bombons.

Receitas de glacê

CREME DE BAUNILHA

¾ de xícara de manteiga à temperatura ambiente

1 colher (chá) de essência de baunilha

3 xícaras de açúcar de confeiteiro

1 a 2 colheres (chá) de leite, se necessário

Bata a manteiga e a essência de baunilha com uma batedeira elétrica, até que a mistura fique homogênea.

Adicione o açúcar à mistura, em duas ou três etapas, raspando as laterais da tigela após cada adição.

Se necessário, adicione o leite para deixar o glacê mais cremoso.

GLACÊ DE CREAM CHEESE

6 colheres (sopa) de manteiga à temperatura ambiente

170 g de cream cheese à temperatura ambiente

1 colher (chá) de essência de baunilha

3 xícaras de açúcar de confeiteiro

Bata a manteiga e o cream cheese com uma batedeira elétrica, até que a mistura fique homogênea.

Adicione a essência de baunilha e misture-a bem com o creme.

Adicione o açúcar à mistura, em duas ou três etapas, raspando as laterais da tigela após cada adição.

GLACÊ DE CHOCOLATE

¾ de xícara de manteiga à temperatura ambiente

1 colher (chá) de essência de baunilha

3 xícaras de açúcar de confeiteiro

⅓ de xícara de cacau em pó sem açúcar

1 a 2 colheres (chá) de leite, se necessário

Bata a manteiga e a essência com uma batedeira elétrica, até que a mistura fique homogênea.

Adicione o açúcar à mistura, em duas ou três etapas, raspando as laterais da tigela após cada adição.

Adicione o cacau em pó e mexa até que a mistura fique homogênea.

Se necessário, adicione o leite para deixar o glacê mais cremoso.

GLACÊ DE CREAM CHEESE E CHOCOLATE

6 colheres (sopa) de manteiga à temperatura ambiente

170 g de cream cheese à temperatura ambiente

1 colher (chá) de essência de baunilha

3 xícaras de açúcar de confeiteiro

⅓ de xícara de cacau em pó sem açúcar

Bata a manteiga e o cream cheese com uma batedeira elétrica, até que a mistura fique homogênea.

Adicione a essência de baunilha e misture-a bem com o creme.

Adicione o açúcar à mistura, em duas ou três etapas, raspando as laterais da tigela após cada adição.

Acrescente o cacau em pó e mexa bem.

- Merry Christmas
- Happy Mother's Day!
- Happy Anniversary
- Happy Hanukkah
- Happy Birthday
- Thank You
- Congrats!
- Good Luck
- Happy Easter
- Happy Father's Day!
- Happy Valentine's Day
- Get Well

Apresentação, armazenamento, transporte e fabricantes

Agora você já sabe como fazer cake pops. Mas você deve estar se perguntando como irá apresentá-los. Aqui estão algumas maneiras de fazer isso. Desde displays personalizados disponíveis à venda até aqueles que você mesmo pode fazer, há muitas formas de ajudar os seus cake pops brilharem como pop stars.

Você também pode usar tags decorativos para que suas minidelícias causem uma boa impressão.

Entre no meu site www.bakerella.com/tags para escolher um.

APRESENTAÇÃO DOS CAKE POPS

BASE DE ISOPOR: utilizadas como local para os cake pops secarem, as bases de isopor podem ser cobertas com papel decorativo para um visual bonito, simples e barato. Tire as medidas da base e corte um pedaço de papel do comprimento e largura da base. Use primeiro um papel liso para servir de modelo. Use um lápis para fazer marcas no papel, a 5 cm de distância uma da outra, nos locais onde serão feitos os furos. Coloque o papel sobre a base e insira a ponta de um lápis nas marcas, atravessando o papel. Em seguida, marque cada ponto na base com um marcador permanente. Retire o papel e use um palito de pirulito para fazer furos no isopor. Tente inserir o palito da maneira mais reta possível, sem que ele vá até o final do isopor. Embrulhe o isopor com papel decorativo. Coloque o papel modelo na base de isopor embrulhada, e marque o local dos furos com um lápis. Então, faça alguns furinhos com a ponta de uma agulha, de modo que você consiga inserir o palito de pirulito no isopor sem rasgar o papel decorativo. Tenha cuidado ao retirar os cake pops da base de isopor. Se você tirar todos de um único lado, o peso dos cake pops do outro lado irá tombar o isopor.

RECIPIENTES DE VIDRO: recipientes de vidro preenchidos com açúcar formam lindas bases para cake pops. Ele deve conter uma quantidade suficiente de açúcar para que os cake pops se mantenham na posição vertical. Para dar um toque mais decorativo, você pode preenchê-los com gomas de mascar, M&M's® ou até bolinhas de gude. Bomboniere de vidro com tampa também é uma boa maneira de apresentar e armazenar bombons de bolo.

BUQUÊS: vasos ou cestas também podem ser usados para apresentar os cake pops. Por segurança, coloque uma base ou bola de isopor dentro do vaso ou da cesta. Em seguida, arrume os cake pops nela. Para enfeitar a bola de isopor, preencha o vaso ou cesta com confete de papel, fitas, serpentinas ou outros artigos decorativos.

BASE DE MADEIRA PINTADA: você precisará de uma furadeira e uma régua. Faça marcas a 2 cm de distância uma da outra em um pedaço de madeira de cerca de 5 cm de espessura. Faça uma marca na broca a 4,5 cm de distância da ponta, e use essa marca como referência para não furar toda a madeira. Faça um furo um pouquinho maior que o diâmetro do palito de pirulito, para que ele ainda fique firme. Madeiras mais simples com poucas veias são as que ficam com uma aparência melhor. Use uma broca um pouco mais grossa que a espessura do palito de pirulito.

SUPORTE PARA PIRULITOS: graciosos suportes prontos são ótimos para usar quando você estiver sem muito tempo. Também são chamados de árvores de pirulitos. O site Wilton.com possui bons e lindos suportes de pirulitos; e se você for bom nisso, você pode tentar fazer o seu (acesse o site www.marthastewartweddings.com/article/lollipop-stand-how-to).

TAGS PARA PRESENTES, SAQUINHOS DECORATIVOS E FITAS: cake pops individuais causam uma boa impressão quando dados como presente. Simplesmente embrulhe o cake pop em um saquinho de plástico decorado e feche com uma fita. Você pode deixá-los ainda mais especiais se inserir um recadinho. Use um furador de papel com largura de 5 a 7,5 cm, disponível em lojas de artesanato, e faça furos ao redor de papel-cartão de alta gramatura. Depois use um furador comum para fazer dois furos em cada lado do formato. Escreva um recado à mão e deslize a etiqueta pelo palito de pirulito. Ou use um computador para digitar a mensagem que você quiser no cartão e use um furador de papel grande para furá-lo. Ou descarte todas essas alternativas e acesse www.bakerella.com/tags para baixar alguns tags disponíveis no site.

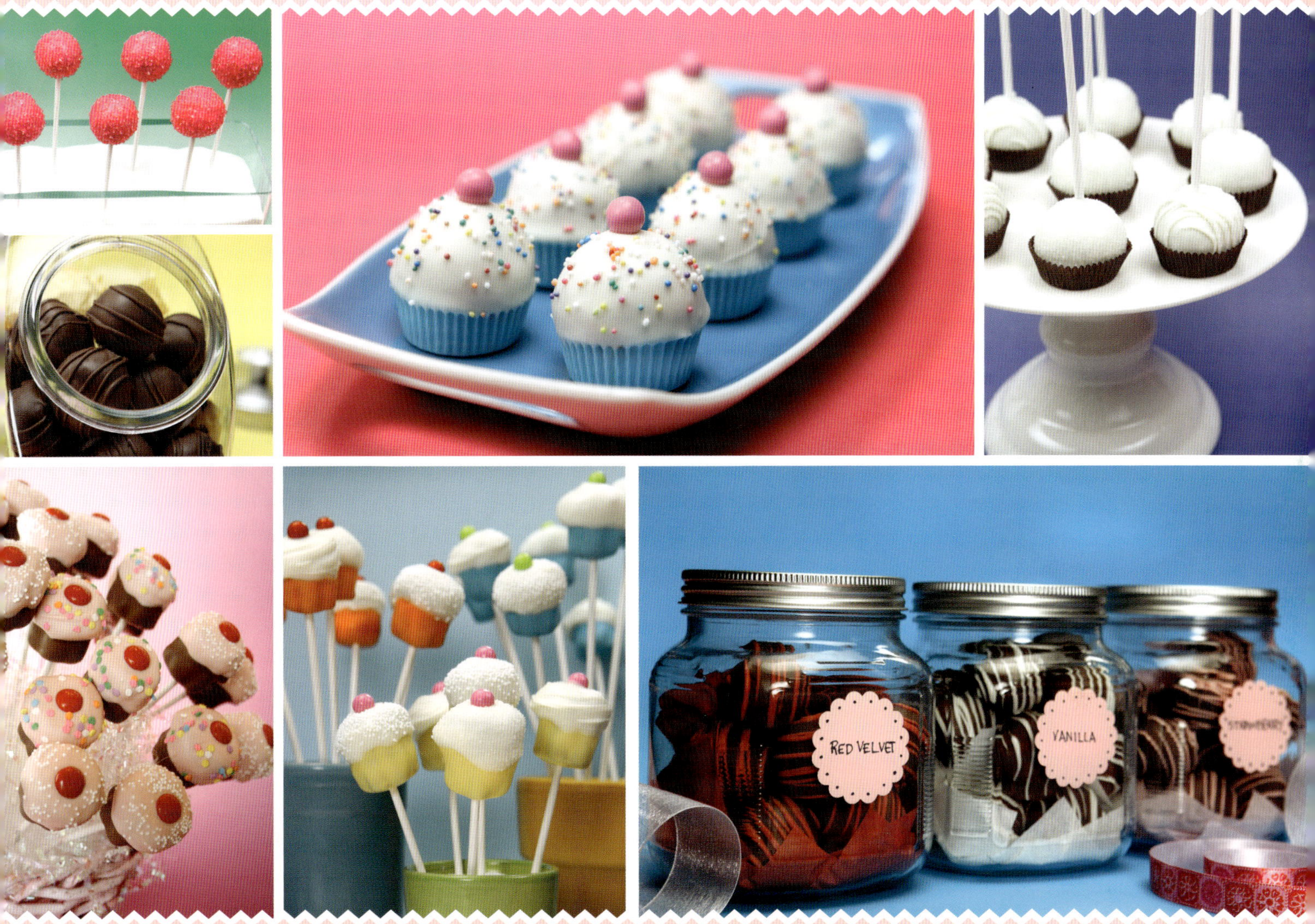
RED VELVET
VANILLA

ARMAZENAMENTO E TRANSPORTE DOS CAKE POPS

Armazenamento

Os cake pops feitos com mistura para bolo e glacê prontos podem ser armazenados em um recipiente fechado sobre uma prateleira. Se você colocá-los individualmente em saquinhos decorados fechados com uma fita, eles podem ser colocados em uma base de isopor até o momento de servir.

Cake pops feitos com ingredientes caseiros perecíveis, como glacê de cream cheese, devem ser armazenados na geladeira, dentro de um recipiente fechado ou em um saquinho decorado.

Os cake pops podem ser armazenados por vários dias e ser feitos alguns dias antes do evento. Os prontos também podem ser armazenados no congelador, caso você precise fazê-los com bastante antecedência.

nota: os fabricantes não recomendam armazenar coberturas na geladeira ou no congelador. Mas tenho tido êxito ao armazenar os cake pops prontos em saquinhos decorados individuais fechados com fita, colocando-os em um recipiente fechado.

Transporte

Cake pops, minicupcakes e bombons de bolo são muito fáceis de transportar. Para isso, use caixinhas de presente.

Coloque os cake pops em saquinhos decorados fechados com fita, e depois coloque-os deitados em direções alternadas dentro de uma caixinha de presente ou de bolo. Use papel de seda para preencher os espaços que sobrarem entre os cake pops, para que não deslizem pela caixa.

Você pode colocar os bombons de bolo e os minicupcakes em forminhas de papel ou de alumínio ou usar embalagens de doce antes de transportá-los em caixas de presente.

Feche bem a caixa e coloque-a dentro de uma caixa maior, cercada de material de proteção. Envie-a a quem desejar durante a noite, para manter o frescor.

Fabricantes dos produtos citados neste livro

Produtos para confeitaria
Coberturas para doces, moldes, palitos de pirulito, saquinhos e outros produtos podem ser encontrados nos seguintes sites:

- Cake Art: www.cakeart.com
- Candyland Crafts: www.candylandcrafts.com
- CK Products: www.ckproducts.com
- Confectionery House: www.confectioneryhouse.com
- Kitchenkrafts.com: www.kitchenkrafts.com

Doces
Hipermercados e até mesmo farmácias possuem uma grande variedade de doces, que podem fazer a sua criatividade fluir. Mesmo assim, aqui estão algumas sugestões para compras on-line:

- Candy Direct: www.candydirect.com
- Candy Warehouse: www.candywarehouse.com
- Dylan's Candy Bar: www.dylanscandybar.com
- M&M's: www.mms.com

Coberturas para doces (candy coatings)
As marcas Merckens, Make 'n Mold e Wilton possuem coberturas para doces de chocolate, de baunilha e coloridas. As de chocolate e de baunilha também podem ser encontradas na Kroger. Outras marcas disponíveis: Plymouth Pantry Almond Bark, Ambrosia Bark Coating e Clasen Confectionery Coatings.

- Kroger: www.kroger.com
- Make 'n Mold: www.makenmold.com
- Merckens: disponível em revendedores de produtos para confeitaria
- Wilton: www.wilton.com

Corantes para doces
- Chefmaster candy color: disponível em revendedores de produtos para confeitaria
- Make 'n Mold: www.makenmold.com
- Wilton: www.wilton.com

Moldes para doces
- CK Products: www.ckproducts.com (molde em formato de forminha de cupcake médio, número do produto: 90-5607; molde de plástico para trufa, número do produto: 90-5651; molde em formato de disco, número do produto: 90-5022)
- Life of the Party: www.lifeofthepartymolds.com (molde em formato de forminha de cupcake médio, número do produto: AO032; molde quadrado, número do produto: AO107)

Óleos essenciais
- LorAnn Oils: www.lorannoils.com

Canetas para decorar alimentos
- Americolor: www.americolorcorp.com

Cortador em formato de flor (para os cupcake pops)
- Williams-Sonoma
- Wilton (disponível em pequenos conjuntos)
- Ateco (disponível em um conjunto de minicortadores, número 4848)

Confeitos (para os cupcake pops)
- Mr.Sprinkles: www.mr-sprinkles.com
  Nota: Agora apenas disponível nas cores naturais.

Lojas de artesanato
Lojas de artesanato também possuem muitos artigos que você poderá precisar para fazer seus projetos.

- Jo-Ann Fabric and Craft Stores: www.joann.com
- Michaels: www.michaels.com
- Hobby Lobby: www.hobbylobby.com
- A.C. Moore: www.acmoore.com

Índice de fotos dos projetos

Página 49	Página 51	Página 53	Página 55
Página 57	Página 59	Página 61	
Página 63	Página 67	Página 69	Página 73
Página 75	Página 77	Página 79	
Página 81	Página 83	Página 85	Página 89
Página 91	Página 93	Página 95	
Página 97	Página 99	Página 103	Página 105
Página 108	Página 111	Página 117	
Página 119	Página 121	Página 123	Página 125
Página 127	Página 129	Página 131	
Página 133	Página 135	Página 137	Página 139
Página 141	Página 143	Página 145	

Índice remissivo

A
Abóboras de Halloween, 125

B
Bisnaga de cobertura para escrever, 40
Bolas esportivas, 97-98
Bolo
    amarelo, 148
    como adaptar receitas caseiras para, 30
    como esfarelar, 30
    de chocolate, 148
Bonecos de neve, 145
Borboletas, 51
Bruxas, 129

C
Cachorros, 108-10
Cake pops de noivinhos, 79
Cake pops e bombons de bolo. Ver também os projetos individuais
    apresentação, 152
    armazenamento, 154
    cobertura, 36
    combinações de sabores para, 30
    como criar formas, 32
    decoração, 42-45
    equipamentos, 39, 40-41
    ingredientes principais, 40
    menores quantidades, 31, 46
    receita básica de bombons de bolo, 11-12
    receita básica de cake pops, 15-16
    solução de problemas, 28
    transporte, 154
Canetas para decorar alimentos, 39, 40
Capelos de formatura, 83-84
Carinhas de bebê, 81
Carneiros, 57
Casamento
    cake pops de noivinhos, 79
Casquinhas de sorvete, 67-68
Caveiras, 127
Chanucá (festa judaica), 137
Chocolate
    bolo de chocolate, 148
    como substituto da cobertura para doce, 28, 33
    cupcake pops de chocolate, 69-71
    glacê de chocolate, 149
    glacê de cream cheese e chocolate, 149
Coalas, 117
Cobertura para doce
    armazenamento, 32
    chocolate como substituto para, 28, 33
    cores de, 33, 34
    derreter, 33
    diluindo, 33
    onde comprar, 40
    sabores, 34
    solução de problemas, 28
    variedades de, 14, 32
Coelhos, 55
Confeitos, 42, 43
Corações, 49
Corantes para cobertura, 40
Corujas, 133

Cream cheese
- glacê de cream cheese, 149
- glacê de cream cheese e chocolate, 149

Creme de baunilha, 149

Cupcake pops e minicupcakes
- aplicando cobertura, 36-37
- bolas esportivas, 97-98
- cupcake pops de chocolate, 69-71
- receita básica de cupcake pops, 19-22
- receita básica de minicupcakes, 25-26
- ursinhos na piscina, 85-87

D

Dia dos namorados
- corações, 49

Dicas de apresentação, 152
Dicas de armazenagem, 154
Dicas de transporte, 154

E

Equipamentos, 39, 40-41

F

Fantasma, 127
Flores, 28
Fabricantes, 155

G

Galinhas, 107
Gatos, 123
Glacês
- creme de baunilha, 149
- glacê de chocolate, 149
- glacê de cream cheese e chocolate, 149
- glacê de cream cheese, 149

Gorros de Papai Noel, 141

H

Halloween
- Abóboras, 125
- Bruxas, 129
- Caveiras, 127
- Corujas, 133
- Fantasmas, 127
- Gatos pretos, 123
- Múmias, 131

J

Joaninhas, 99-101

L

Leões, 111

M

Macacos, 121
Maçãs, 75
Marcianos, 89
Métodos de aplicação da cobertura, 36-37
Molde para doces, 41
Monstros, 93
Morangos, 77
Múmias, 131

ÍNDICE REMISSIVO

N

Natal
- árvores de, 143
- boneco de neve, 145
- gorros de Papai Noel, 141
- perus, 135
- renas, 139

O

Óleos essenciais, 40

P

Palhaços, 63-65
Palitos de dente, 39, 41
Pandas, 119
Páscoa
- cestas de, 61-62
- coelhos, 55
- ovos de, 59

Pintinhos, 53
Piratas, 95
Porquinhos, 105

R

Renas, 139
Robôs, 91

S

Sapos, 103
Saquinhos de pipoca, 73
Solução de problemas, 28

T

Tigres, 113

U

Ursinhos na piscina, 85-87
Ursos, 114

V

Vacas, 106

Tabela de equivalências de medidas

As equivalências exatas de unidades de medida são listadas a seguir.
Esta tabela será muito útil, caso você tenha comprado produtos importados.

PESO E VOLUME

Americano	Métrico
¼ de colher de chá	1,25 mL
½ colher de chá	2,5 mL
1 colher de chá	5 mL
1 colher de sopa (3 colheres de chá)	15 mL
1 onça fluida (2 colheres de sopa)	30 mL
¼ xícara	60 mL
⅓ xícara	80 mL
½ xícara	120 mL
1 xícara	240 mL
1 pint (quartilho) (2 xícaras)	480 mL
1 quart (4 xícaras, 32 ounces)	960 mL
1 gallon (galão) (4 quarts)	3,84 L
1 ounce (onça) (para peso)	28 g
1 pound (libra)	448 g
2.2 pounds (libras)	1 kg

COMPRIMENTO

Americano	Métrico
⅛ inch (polegada)	3 mm
¼ inch	6 mm
½ inch	12 mm
1 inch	2,5 cm

TEMPERATURA DO FORNO

Fahrenheit (°F)	Celsius (°C)	Gás
250	120	½
275	140	1
300	150	2
325	160	3
350	180	4
375	190	5
400	200	6
425	220	7
450	230	8
475	240	9
500	260	10